Sylvain KATALA MBUYI ALEMBA

Bataille contre le pouvoir sanglant

Sylvain KATALA MBUYI ALEMBA

Bataille contre le pouvoir sanglant

Les défis des courageux

Éditions Muse

Imprint

Any brand names and product names mentioned in this book are subject to trademark, brand or patent protection and are trademarks or registered trademarks of their respective holders. The use of brand names, product names, common names, trade names, product descriptions etc. even without a particular marking in this work is in no way to be construed to mean that such names may be regarded as unrestricted in respect of trademark and brand protection legislation and could thus be used by anyone.

Cover image: www.ingimage.com

Publisher:
Éditions Muse
is a trademark of
Dodo Books Indian Ocean Ltd., member of the OmniScriptum S.R.L Publishing group
str. A.Russo 15, of. 61, Chisinau-2068, Republic of Moldova Europe
Printed at: see last page
ISBN: 978-620-3-86567-7

''La vie est une bataille qu'il faut toutefois remporter en vue de devenir le reflet de sa pensée. Si celle-ci n'est pas bien orientée, elle vous conduit là où elle veut. Le courage est une arme de ceux qui ne sont pas appelés à la petitesse.''

A toi ma très grande famille religieuse et intellectuelle, je dédie cette œuvre de juste valeur, un tam-tam qui chante à l'honneur des déprimés.

Tout à commencé au moment où l'oncle Kebelebe fit venir tous ses enfants pour leur dire que Kanshi et moi nous devrions effectuer des distances pour des raisons des nos études universitaires.

La vie ne nous avait été pas facile. Kanshi était un garçon brillant à l'école. Il ne réalisait qu'un pourcentage étonnant. Dans toute son école, tous les enseignants étaient émerveillés. Ils le voyaient devenir grand à travers les études.

Mais, un jour, l'inévitable arriva. Tout devint noir dans la vie de Kanshi. Nombreux qu'ils étaient; comme si son père était le seul à recevoir la promesse de remplir le monde. Son espoir d'atteindre son destin caché dans ses talents devenait de plus en plus un mythe sans fin.

La réunion était prévue à vingt heures. Tout le monde était déjà sur le lieu. La tente de Kanshi ne se faisait qu'attendre du public. On dirait le prophète Moïse qui venait délivrer Israël des mains des Egyptiens. Chaque personne ne guettait qu'à la porte à chaque bruit du vent. Car dans nos us et coutumes, on ne peut rien faire sans la présence de la tente.

La première dame et reine de l'univers arriva à pas de tortue. Son bâton de vielles mamans en main, personne ne peut douter qu'on avait à faire à une sorcière. La prophétie n'est pas l'indice obligatoire pour deceler sa sorcellerie. Son visage de l'ange qui est censée bénir toute l'humanité prouvait bien qu'elle vole toute la nuit.

Ah bon! Les sages..., eh..., mes enfants, mon frère et ta vilaine de femme, vous y êtes ? Ne me tenez pas de rigueur dit-elle.

Je ne suis qu'une vieille dame. Mon âge doit être pris en compte en tout et pour tout! Ajouta-t-elle avec l'air souriant. J'espère que vous m'avez appelé pour une cause noble ; le mariage de Kanshi qui a poussé une barbe on dirait un postolo (un apôtre de la religion bantoue qui n'est pas censé coiffer sa barbe).

Mais tente, tout ce que tu as c'est le mariage, mon âge, et... Mais enfin, n'as-tu pas de notion de temps toi? Nous t'avons attendu il y a si longtemps. On est tous fatigués. J'espère qu'à ton arrivée, tu ne dois pas être un prophète de malheur, ni encore un bâton sur mon chemin. Tu peux t'asseoir.

Kanshi, tu dois retenir que dans nos cultures, ma grande soeur est plus que moi. Elle représente mon père en ce lieu. Tu dois lui parler avec respect et crainte. Et pour ton information, la bouche d'une vieille sent, elle ne ment jamais. Sa voix est celle de Dieu. Ta mère doit revoir quel type d'éducation t'a-t-elle donné.

Eh! Kebelebe? Ma soeur, ma soeur, mon père... Mais, en fait, ouvre le débat et laisse rendre tous les omages du monde à ta soeur. On sait que l'on a pas aussi de frères qui représenteraient nos parents ici. J'en ai dit.

Kebelebe retiens bien ta vilaine. La chanseuse de Kabatuka. Celle qui vit le ciel sur terre pendant qu'elle n'a rien semé. Si ma présence n'est pas importante ici, je peux toutefois rentrer chez-moi. Kebelebe je suis ton père tu le sais ?

C'est dans un bruit familier que le père pris la parole pour arrêter cette comédie. Elle revient souvent en famille en des circonstances pareilles. Mes frères et soeurs, mes enfants, ma chère épouse, nous sommes ici pour une surprise, grandiose soit-elle.

Vous êtes habitués souvent en des moments pareils à entendre la nouvelle de mariage comme le disait ma soeur. Mais, aujourd'hui, c'est plutôt le contraire. Kanshi ne se mariera pas si tôt, il vient de finir ses études bien-sûr. Avec son cousin, ils veulent aller en ville poursuivre la quête du trésor pour vous tous. C'est une bonne chose de ma part. Je voudrais savoir l'avis de tout un chacun de vous.

La parole fût prise pour la première fois par la tente. Tout le monde était étonné par sa prise de position. Elle, qui, toutefois est habituée à s'opposer à tout ce qui se dit souvent en famille, elle reçoit avec joie cette nouvelle et pense que c'est juste pour un peu de temps que le jeune doit aller en ville. Elle nous demande une paire de chaussures à notre retour.

Le moment était venu pour voir l'aîné, tout furieux, prendre la parole et dire: "papa, je pense que tu n'as pas oublié que réussir à l'université c'est d'abord avoir fait des bonnes études et être extrêmement intelligent. En suite, c'est avoir des parapluies capables de demander pour vous en cas d'échec. Et en fin, c'est avoir des moyens pour corrompre. Dans notre pays, "la bonne réponse c'est moi, disent les enseignants". Sur ce, ton aimable fils ne remplit aucun critère. Je reste favorable à son départ mais je crois qu'il y va juste en tourisme. Quant à ton neveux, j'espère que la chasse lui convient bien".

Papa, il suffit de suivre ton fils aîné et se rendre compte qu'il raconte ce qu'il ne maîtrise pas bien. Il se contredit lui-même. Il faut être intelligent, avoir des parapluies et l'argent pour corrompre. Qu'est-ce qu'il faut retenir comme critères d'éligibilité ?

Mon beau, j'espère que tu dois comprendre ton fils aîné. En dehors de ce qu'il vient d'évoquer, laisser nous le temps de vous signifier qu'en ville il n' y a que des boursiers qui vont à l'université. La deuxième catégorie d'étudiants ce sont les enfants des riches. Qui avez-vous vu dans ce village partir en ville et revenir avec un diplôme de graduat, de licence ou de master ? Tu as épousé ma soeur. Tout Kabatuka reconnaît que tu es riche. Mais, où as-tu étudié pour devenir ce que tu es? N'est-ce pas toujours avec ton diplôme de six ans que tu te fais de joie?

Oui oncle, tu as bien raison de soutenir ton neveu n'est-ce pas ? Qui se ressemblent s'assemblent dit-on. Dans son discours, il revient sur la même contradiction. Il t'appelle riche et m'interdit d'aller poursuivre mes études. Retenez ceci, dans nos us et coutumes, la tente est la porte parole des dieux. Papa j'espère que cet argument convient pour moi de conclure que nos précieux dieux on dit "oui" à ma poursuite du bonheur. Et toi tente, resteras-tu en silence laisser le camp de mes ennemis l'emporter ?

Kanshi, mon fils, il faut savoir garder silence lorsqu'on sait qu'en dehors de ce que l'on croit et dit, rien de bon ne peut être dit redit. Je suis la gardienne de notre culture. Je te souhaite toutes les bonnes chances et je te dit que tu réussiras.

Le débat était si fabuleux que chaque camp présentait ses moyens de défense comme si on était devant le tribunal. L'oncle prit alors la parole pour mettre tout au claire. Tant que je retiendrai le souffle de vie, mon fils étudiera partout où il voudra. Le bon avenir revient aux évolués. Ma conclusion soutenue par ma soeur est incontestable peu importe les arguments et je vous remercie d'être venus. Bonne soirée !

C'était pareil pour moi lorsque mon père voudrait recevoir également les avis de sa famille. Car, en Afrique, la solidarité c'est consulter toute sa famille avant de faire quoi que ce soit.

Qui est celui qui ne pouvait observer une minute de silence pendant que Kebelebe quittait le lieu de la réunion ? La tente ambrasse Kanshi. Ce dernier sursaute comme un prisonnier rendu libre. Le Camp de ses opposants ne pouvait quitter l'endroit si indignés. Ils promettaient revenir au bon moment en vue de revoir la décision de Kebelebe.

C'est en ce moment que Kanshi criait en disant: dans ce pays rien ne peut se faire sans contestation. Retenez aussi que ce qui peut paraître provisoire aujourd'hui, deviendra toujours définitif. Mes jaloux vont maigrir oh!

Il était tout content car il voulait à tout prix atteindre sa destinée. Trois mois après, s'était le temps de voyager et quitter le lieu pour de bon. La ville était située à trois cents cinquante kilomètres de notre village, Kabatuka. Nous avions pris quatre jours de marche et pour tant on avait tous nos vélos.

Arrivés sur la ville, dès l'entrée, le service de DGM ne tarda de nous recevoir. Qui avait imaginé que dans ce pays le vol avait changé d'appellation? Il était devenu une monnaie courante. Les agents de la DGM nous avaient en premier lieu demandé nos pièces d'identité. On n'avait pas tarder de brandir nos cartes d'électeurs, lesquelles étaient retenues par les cités. Ils tentaient de nous convaincre qu'il est une différence nette entre une carte d'identité et celle d'électeurs.

Kanshi si jeûné, ne tarda de s'en prendre à ces malfrats : retenez que ce pays va changer un jour. Qui de vous détient une carte d'identité ? Comment pourriez-vous réclamer une carte dont vous n'avez même pas sa couleur en tête ? Nous vous avons donné tout ce que nous avons comme pièce d'identité. Je vous prie de nous libérer. Il est déjà soir. On ne doit pas tarder ici. Nous risquons de nous mettre encore sous pièges des autres malfrats comme vous. Ils prétendent faire patrouille, et pour tant ils sont à la quête de leur pain quotidien.

Monsieur, retiens bien ta gueule. Tu fais trop de bruits. Que sais-tu de l'identité de la personne ? Je t'informe; insulter les services de l'État est une infraction. Tu ne veux pas tarder ici, va rencontrer Kapucino. C'est de cette façon que l'agent en face de nous répondit. Tout devenait si compliqué au point que Kanshi voulut donner raison à ses frères. Eux pensaient, comme vous le savez bien-sûr, que devenir étudiant en ville est destiné à une certaine catégorie de classe sociale donnée.

En effet, l'étonnement était celui de constater que la légion des inciviques qui nous devancaient se faisaient attendre sur le lieu plus de cinq heures du temps. Tout à coup, une belle fille de taille, de figure et de forme venait d'être dirigée vers le policier méchant, Kapucino. Il ne tarda de ne brandir que 5000f et ce dernier n'hésita de la libérer. Et à nous il disait, faites comme les autres et apporter votre café. Mais on a rien ? Et la fille n'a même pas donné du café ? C'est bien l'argent ? Mon Dieu, c'est de la corruption ça ? Il n' y a même pas de motif pour lequel il faut corrompre ? Les multiples questions de Kanshi ne trouvaient réponse car il n'en était pas le moment. Entre-temps, le chrono ne faisait que compter.

Le regard malheureux de Kanshi avait attirer l'attention de Vanessa la belle. Elle s'approcha en ces termes : bonjour le jeune homme. Comment vas-tu ? La belle, évite de me dire bonjour. Ce jour est le pire de ma vie. On a déjà fait 6h du temps avant que tu ne viennes. Personne ne nous écoute. Dans ce pays on aura tout vécu.

Si je comprends bien, tu n'as rien à donner au policier ? D'où viens-tu et où vas-tu ?

- Je viens de Kabatuka, je vais à Buenu poursuivre mes études. J'ai réalisé 87% aux examens. Toute ma famille est mobilisée pourvu que je finisse mes études. Elle reste ferme et me soutient à aller plus loin que possible. Papichu est mon cousin. Nous voulons aider ce pays à connaître le vrai développement.

☞ Et alors tu veux suivre qu'elle filière d'études ?

☞ La famille m'a demandé de suivre la médecine humaine.

La fille trouva le gard trop intéressant et se décida de nous aider dans cette affaire en versant 5000f pour nous deux auprès du policier. Nous fûmes un chemin d'assemble. Vanessa continua à éprouver son intérêt dans le développement d'intimité avec Kanshi.

Elle se présenta qu'elle venait d'une province voisine où on avait fermé par le ministère de tutelle l'institut supérieur pédagogique pour de raisons de viabilité. Elle avait déjà fini le premier graduat et était obligée de venir à Buenu pour poursuivre ses études.

Sa curiosité était celle de savoir ce qu'aurait suivi Kanshi comme filière d'étude. La réponse de Kanshi était surprenante pour Vanessa. Elle dit à Kanshi " mon frère, tu as fait la pédagogie au secondaire. Tu ne peux pas t'adapter en médecine. Il faut plutôt continuer avec la pédagogie. A défaut des services d'orientation de notre pays, de fois on ne sait suivre la formation qu'il faut".

L'inquiétude de Kanshi reposait sur le fait que sa famille voudrait mieux le voir devenir médecin. Pour nous tous, l'unique filière qui pourrait rendre quelq'un millionnaire c'est la médecine.

Vanessa était devenue plus que notre institutrice. Mes frères, dit-elle, gagner la vie, ce n'est pas seulement avoir fait la médecine. La vie se gagne partout. J'ai personnellement trop de témoignages. Mon frère a fini en médecine. Il est aujourd'hui chauffeur d'un homme d'affaires de la ville de Buenu où nous nous rendons. C'est chez lui où je vais.

Merde! Ma soeur, médecin-chauffeur ? Il y a quel lien? Vanessa ne tarda de s'éclater de rire et enchérit en ces termes ; mon ami, dans ce pays, personne ne travaille dans le domaine où il a reçu de formation. Ma soeur a fini en coupe-et-couture, mais aujourd'hui elle est le chef de Division Provinciale de santé. Son mari est député provincial.

Les détails de Vanessa nous avaient vraiment déçu. Nous devenions si tristes. Il était déjà 19h, après une heure de marche avec Vanessa. Le sanglot ne faisait que s'augmenter lorsque Vanessa nous demanda de nous séparer. Le seul encouragement ce que Vanessa promettait de nous revoir et nous aider à bien réussir notre mission sur la ville.

Elle avait pris soin de prendre notre adresse qui était sur papier. Elle nous avait à son tour remis son numéro de téléphone. Juste après notre séparation, on se demandait comment arriver chez l'oncle Kape qui était le seul à nous recevoir sur la ville. Après une autre heure de marche, nous arrivâmes sur le lieu à l'aide de l'indication qu'on avait sur papier.

On ne trouva que deux petites filles de 14 et 12 ans à la porte. Notre façon de parler était pour eux étrange. Elles ne comprenaient pas français. Nous aussi nous ne maîtrisions la langue du milieu. Les jeunes filles nous trouvaient vraiment des vrais sorciers. Elles ne nous répondaient ni par geste ni par signe.

Quelque temps après, l'oncle arriva. Kanshi s'était précipité à fouiller sa valise et lui remettre la lettre de la famille. Après la lecture, sa femme arriva à pas de tortue. Elle n'avait tarder de lui demander qui étions-nous. Les explications de l'oncle n'étant pas en mesure de convaincre son épouse, il décida de nous loger malgré lui dans la cuisine.

Sa charmante épouse s'était empressée de venir ajouter des morceaux de bois au feu. Sans nous donner même à manger, elle nous abandonna dans une fumé qui nous rendait des tuberculeux. On pleurait même quand on en avait pas envie.

Le matin nous n'attendions qu'elle vienne ouvrir la porte. Et c'est à 9h qu'elle était venue. Notre étonnement ce qu'elle ne nous salua même pas. Il ne fallait pas être prophète pour prédire qu'on ne saurait vivre longtemps dans cette maison. Elle ne voulait aucun contact d'avec ses enfants. En Afrique, si tu viens du village et tu es pauvre, c'est ce qu'on appelle la sorcellerie. Et pour tant la vraie sorcellerie est un secret. Une confidence pour celui qui l'a détient. On lui a fait croire qu'elle est diabolique. C'est de la faute de nos voisins qui, quant à eux, la pratique le jour. Ils l'ont nommée: " nouvelle technologie".

A notre réveil, nous étions dirigé à la porcherie sous prétexte de l'entretenir. On se demandait si vraiment on était des visiteurs. Chose grave, nous y étions encore enfermés. Quelle puanteur ! Kanshi prit la décision de quitter et d'aller à la recherche du pasteur de son église. Ou peut-être un autre samaritain. Il ne trouvait pas normal de vivre deux fois l'enfer ; rester dans cette maison et finir par tuer cette femme et se diriger tout droit dans un autre enfer à la fin du monde.

Deux heures après, il revenait tout joyeux. Mon cousin, me signifia-t-il, on doit déménager d'ici. J'ai trouvé un homme de Dieu qui a accepté qu'on passe nuit dans le temple. Il est doux cet homme.

On était surpris de voir la dame de notre oncle revenir aux heures hinabituelles pendant qu'on voudrait s'en fuir. Elle s'adressa justement à Kanshi dès son arrivée. Elle lui demanda si ses porcs étaient déjà nourris.

Kanshi n'avait même pas pris une petite minute pour répondre. Elle se tourna alors vers moi pour la même stupidité. Et là, j'eu le temps de lui dire tout noir sur blanc ; Madame, est-ce ton mari t'a déjà raconté qui nous sommes ? Kanshi que tu vois avait perdue une année d'étude pour que ton mari finisse ses études. Un jour, son père avait vendu la récolte du mois de juin sans réserver même la semence pourvu que ton mari n'arrive pas en prison. Logiquement il ne pouvait te voir. Si vraiment l'oncle n'était pas un bon flatteur capable de changer l'avis de l'inspecteur judiciaire venu de la ville, en se jour tu serais une religieuse.

Sur ce, la femme voulu tout savoir sur notre frère et me demanda de continuer et dire plus sur lui. "Merde, on ne peut plus rien. Ce qu'on a à faire ce nous débarrasser de cette ingratitude. Les gens de la ville trouvent toujours les démunis des sorciers". Celle-ci fut la vibrante réaction de Kanshi. Et la Dame n'était inquiète de rien.

Il ne restait que cinq jours pour la rentrée académique pendant que nous n'avions jamais pris d'inscription. Nous étions confus. On ne savait quelle faculté faut-il suivre. Les conseils de Vanessa étaient si intéressant et on décida tous de la rechercher. Nos efforts de quitter l'enfer de l'oncle Mukundayi Kape étaient nuls. C'est ici où l'on su qu'on avait à faire au monde des esprits. La femme de l'oncle qui avait suivie notre plan de nous réfugier à l'église, avait tout fait pour nous l'empêcher. Le mal ce que Kanshi aurait cité le nom de l'église. Elle n'hésita pas de rencontrer le pasteur et ne dire que le mal sur nous. Milolo était vraiment la pire de chose que nous rencontrâmes sur le chemin.

Pourquoi elle ne nous aimait pas? C'est une loi de la nature. Celui qui vit en ville est supérieur à celui qui vient du village. Si tu as de la visite de ta famille du village, en Afrique on ne pense qu'aux sorciers qui viennent tuer.

L'oncle Mukundayi avait oublié que ce sont les sorciers qui l'avaient épargné de la vie pénitentiaire. Les mêmes sorciers qui avaient tout fait pour qu'il se rende à Kundula creuser le diamant et trouver un peu d'argent. C'est cet argent qui lui avait permis de se procurer sa concession. Une villa, située dans un coin le plus reculé de la ville où des moustiques avaient la taille des abeilles.

Et s'il faudrait craindre la mort, il faudrait accepter d'être locataire au centre ville que se faire piquer de telles abeilles chaque jour. Et là aussi j'avais cru qu'une seule sorte de microbe peut tuer le noir; la faim. Car, la manière dont les moustiques nous piquaient, personne ne peut s'imaginer qu'on peut échapper à un paludisme dont la fièvre s'élève à 41 degrés celsius. Je m'imagine que s'il était possible, elle pouvait remonter jusqu'à 49, 50 degrés de par la taille des moustiques.

Lorsque nous étions encore enfants, l'oncle Mukundayi était avec nous au village. C'était un homme bien. Il nous aimait bien. Il aimait tellement la fille de Rambo. Elle était la fille d'un commerçant venu de la ville. Son père avait de moyens et personne du village n'osait l'indexer.

De leur amour nacquit une grossesse. Comme il en est de coutume des hommes; la grossesse est une bonne chose lorsqu'elle arrive au moment voulu. Rambo avait fait appel aux militaires de l'auditorat de garnison. C'est ici où je compris que les africains iraient tous au ciel. Ils savent réellement ce qu'on appelle "amour". Comme vous le savez, un vrai africain partage facilement avec tout le monde. Tout le village cautisa ses biens pour renvoyer les militaires. Voilà la solidarité ; sauver la vie d'un mourant. Le père de Kanshi avait vendu tous ses champs, et même des récoltes juste pour convaincre Rambo d'abandonner sa poursuite judiciaire. Ce dernier qui refusa de donner sa fille à un villageois et l'envoya en ville après un paillage sans pareil de la pauvre famille.

Je commençais à voir peur d'être infecté et perdre ma culture comme c'est le cas chez l'oncle Mukundayi qui, après tous ces efforts était incapable de nous rendre le bien semé par la famille. Et je compris que le bon Dieu juge certaines personnes par rapport à leurs pensées. Si ce pauvre, tout en étant chariomène ne pouvait nous rendre le bien, alors s'il devenait gouverneur? C'est bien sa belle famille qui devrait tout profiter.

Nous étions inquièts le jour où on a su que les deux petites gosses qui vivaient chez Mukundayi venaient de sa belle famille. C'est fort impossible qu'une avare de type de Milolo soit bénie par le ciel et porte un bébé. En Afrique, il faut le souligner; la famille de la femme est belle et celle de l'homme n'est qu'une famille sans l'adjectif qui la qualifie. Tout ça, c'est le caractère de nos voisins, qui importé, ne cesse de se reprendre partout en Afrique sainte. Les africains oublient le fait que lorsqu'on perd sa culture on perd même sa force.

Kanshi devint de plus en plus triste par fait que les étudiants étaient transformés en gardiens des porcs la journée, la nuit ils devenaient des sentinelles de la cuisine où il n' y avait que des poules et canards.

Les inquiétudes de Kanshi étaient transformées en une maladie grave. C'est le jour où Milolo a voulu en finir avec nous. Il avait les douleurs abdominales intenses au point qu'il ne pouvait se contenir de crier toute la nuit. J'ai encore compris ce jour-là que peut-être Mukundayi savait nous rendre le bien, mais sa femme avait la main mise sur tout. Elle lui avait refusé la clé pendant qu'il voulait nous dépanner. Nous étions seuls et les cris de Kanshi étaient un tapage pour tout le quartier.

Les africains sont partout pour bien dire. Si les uns abandonnent leurs cultures, les autres les gardent pour l'éternité. A 5h du matin, nous recûmes la visite d'un voisin de bon coeur. Sami était généreux. Même sa femme, c'est elle la femme de Salomon dont la descendance était à l'origine de Messi pour nos frères. Sami avait pris soin de mettre Kanshi sur son chariot vers le centre de santé qui était à trois kilomètres de la maison.

A notre arrivée, le centre était fermé. Aucun infirmiers n'était joignable. "Ils viennent souvent à 9h". Répliquait le vieux papa interrogé.

Kanshi ne savait plus bouger. A force de crier toute la nuit, il était en carence d'énergie. Sami et sa femme avait pensé visiter un autre quartier à faible distance de là où nous étions.

Arrivés au centre, on ne trouva qu'une matrone. De par son expérience, il su nous dire qu'il s'agissait de la fièvre typhoïde. Et nous proposait d'atteindre l'arrivée de l'infirmier titulaire. Le tonton Sami voudrait savoir où il se trouverait. La réaction de la matrone était étrange. A ces heures ils profitent d'abord les clients dans son garage. Ici on travaille, mais on est toujours impayé. Il se met d'abord à réparer les vélos, en suite il passe par le restaurant pour dépanner sa femme qui vend les beignets. Vers 9h, il revient enfin au centre. S'il ne fait pas ça, il ne va vraiment pas survivre. Même moi je suis ici pour quelques heures. Dans un instant je dois passer au moulin pour aider les clients et bénéficier un peu de farine".

Entre-temps, le généreux devenait aussi inquiet. Il devrait nous laisser pour regagner son boulot. La mère de Marie l'avait encouragé en disant, "sauvons la vie de ce garçon". Nous ne savons qui est-il, qui deviendra-il demain non plus. C'est vers 8h 30' qu'on s'était décidé d'aller à l'hôpital.

Pendant tout ce temps, on avait peur de s'y rendre. On avait pas assez d'argent. A notre grande surprise, au croisement des avenues, l'oncle Mukundayi nous passa avec des toles sur son chariot. La femme de Sami lui dit d'éviter de débat inutile et gagner du temps. Quand-même, Mukundayi aurait su apercevoir dans quel hôpital nous nous étions rendu.

La réception s'était empressée de nous diriger vers la salle d'urgence. Les Infirmiers avaient pris soin d'examiner Kanshi le plus vite que possible. Tous, on était plus que fous, au moment où l'infirmier ou médecin, je ne sais pas, nous avait apporté sa réponse ; votre frère est dans un état critique. Nous sommes désolés de vous annoncer que son cas nécessite une opération chirurgicale difficile. Il faut aller à l'hôpital général où il y a des médecins spécialistes à grand nombre. Ne vous inquiétez pas pour le transport. Nous mettons à votre disposition l'ambulance. Car, il faut qu'il subisse cette opération dans moins de deux heures.

Vers 9h nous étions déjà à l'hôpital général. Les examens avaient présentés les mêmes résultats. Kanshi était directement conduit dans la salle d'urgence. Le service de la réception nous avait conduit à la finance. Là, on avait besoin d'un responsable du malade. Sami m'avait dit qu'il était temps qu'il se débrouille pour trouver quoi manger pour ce jour. La folie des africains ce qu'on a pas de politique d'approvisionnement. Sa femme se décida d'accompagner Kanshi dans la salle de bain avant son opération. Vous êtes sans oublier que les poils de Kanshi étaient semblables aux cheveux de Samson dont l'interdiction formelle de les raser était connue de tous.

Pendant que les médecins étaient déjà armés pour commencer le service, ma discussion ne faisait que poursuivre. Le chargé de comptabilité me demandait de verser 150.000f comme avance sur le tarif des soins. Je répliquais qu'il fallait en premier lieu prendre soin du malade. Tous les mots du dictionnaire étaient insuffisants pour convaincre le type en question. J'ai commencé à crier si fort ; c'est du n'importe quoi, et même de l'injustice. Les pauvres et riches ont droit aux soins. Pitié, pitié, pitié ! Sauvait s'il vous plaît, l'âme de Kanshi. Personne ne pouvait me comprendre. Quelqu'un me fit un signe de me taire et de le suivre. Sur mon chrono il ne restait que 30 minutes de vie de Kanshi.

L'homme en question me signifia qu'il faudrait donner du café au chargé de comptabilité pour qu'il ordonne le début de l'opération. Kanshi était déjà à l'agonie.

Je m'étais décidé de sortir et vendre ma montre pour trouver un peu d'argent en vue de corrompre le chargé de comptabilité. L'histoire du café m'avait d'un coup rappellé Vanessa la belle.

En principe, quand tu penses à un africain, il n'est pas loin de toi. La première personne à s'intéresser au sujet de ma montre était l'amie de Vanessa. Elle s'éclata vraiment de rire. Dans nos cultures, nous reconnaissons que la maladie dans le corps de ton frère est une guerre dans un pays voisin. Cette joyeuse n'avait même pas pris soin de comprendre quelle douleur me pousser à vendre ma montre. Elle l'avait jetée même par terre. Vanessa était juste à quelques mètres.

Ayant pris soin d'interroger Dina au sujet de son arrêt pendant qu'il était temps qu'elles se retrouvent vite dans l'auditoire, Dina reprit ses bêtises à Vanessa.

Comme vous le savez, Vanessa est aussi généreuse que tonton Sami. Elle ne pouvait partir sans s'excuser auprès de la victime de dédain de Dina. De loin, elle se rendu compte que s'était moi. Elle me demanda si j'étais Papichu le frère de Kanshi. Ma réponse était celle de dire que Kanshi était mourant. Elle se prespita de savoir où serait Kanshi. On était pas loin de l'hôpital. On se dirigea tous à l'hôpital. J'avais pris soin de lui dire tout ce que nous connûmes comme soucis.

A notre arrivée, elle se présenta juste au chargé de comptabilité qui ordonna si vite l'opération de Kanshi. C'est en ce jour que je su que la pauvreté est ridicule. Là où j'ai fait plus de temps que possible, sans rien apporter, il a suffit juste une simple présentation de Vanessa connue comme la fille du député, l'opération commença sans aucune autre contestation.

Vanessa se décida de suivre l'opération jusqu'à la fin. Elle refusa les cours en ce jour. Après un bout de temps, un médecin sortait de la salle d'opération. Il appella Vanessa par son nom et voulu savoir pour quelle raison elle était avec moi à l'hôpital pendant les heures des cours. Lorsqu'elle voulait répondre, il s'excusa et lui demanda de rester là pour quelques minutes. Il avait trop transpiré.

J'eû d'un coup découvert qu'il s'agissait de son frère dont elle nous avait parlé. Et je lui demandais s'il ne continuait pas à demeurer chauffeur ? Sa réponse était encourageante ; il peut se faire qu'aujourd'hui les lois de la nature te privent ta place au sein de la société. Il ne reviendra qu'à toi de te battre pour occuper la place qu'il te faut. Le fait que ma soeur épouse le député nous a facilité bien de choses. C'est lui qui l'a recommandé ici. Je n'avais hésité d'interroger encore à Vanessa s'il était l'unique à soigner Kanshi ? Elle aussi se posait la même question.

Encore un bout de temps, le médecin quittait une fois de plus la salle d'opération. Il se dirigea vers Vanessa, cette fois-ci, en vue de savoir pourquoi elle était à l'hôpital. Elle lui avait tout raconter sans lui prévenir que j'étais frère de son ami.

Néanmoins, le médecin n'osait pas donner réponse sur l'état de Kanshi. Il avait plutôt demandait à sa jeune soeur de rentrer à la maison sous prétexte qu'il devait prendre soin de Kanshi. Vanessa refusa et me demanda de lui dire plus sur notre famille de provenance.

J'avais pris soin de lui donner tous les détails possibles. Juste après quoi Vanessa se mis à raisonner plus. Elle ne voulu rien me dire au sujet de son silence.

C'est au moment où je voulais fermer l'oeil indépendamment à ma volonté. Comme vous le savez, toute la nuit je n'ai pas pu dormir. Je me sentais éveillé mais un peu somnolent.

C'est sans doute le temps où j'ai vu Kanshi sortir de la salle d'opération. Il était si proche de moi, ses larmes ne cessaient de couler comme un fleuve. Il s'adressa à moi et me dit: "Papichu, la vie est un combat dit-on. J'ai fait ma part. Il n' y a jamais eu de rose sans épine.

Je vais la tête haute. J'ai su qu'avec toi nous devrions changer la vie et la mentalité de notre population. J'ai cru changer également la perception de "l'autre" partout en Afrique. En outre, j'ai voulu comme toi, briser les lois de la nature. Celles qui privent au pauvre la place au sein de la classe sociale. non seulement cette privation, mais aussi le rejet de son honneur et sa dignité.

Aujourd'hui je t'informe que je suis obligé d'aller continuer cette lutte dans les airs. Tu dois retenir que c'est bien toi, tout seul, finira cette lutte.

Tu vas expliquer à toute l'humanité que la pauvreté est à l'origine des plusieurs maux que l'Afrique traverse. Ce n'est qu'un état d'esprit qui, un jour, sera rejeté par l'africain.

Tu dois t'adresser aux Africains et leur dire qu'il n'y a qu'eux-mêmes qui peuvent changer leurs vies. Ils ont du talent, des grâces et richesses. Qu'ils travaillent pour changer leur mode de vie.

Papichu, je te conseille à ne jamais accepter l'échec dans ta vie. Sois confiant d'avec toi-même. Tout ce qu'un homme peut faire, tu le puisse aussi. Ouvre ton esprit. Donne toutefois le meilleur de toi-même. Essaie de changer la perception de vie là où tu es dès à présent.

N'attend pas que tu occupes un grand poste à la tête du pays pour combattre les antivaleurs. Si chacun là où il est se met à combattre les ennemis de notre société, en l'occurrence de la corruption, le tribalisme, le vol et détournement, l'Afrique deviendra un paradis.

Le combat se gagne toujours par des sacrifices. La concentration sera ton arme puissante. Seul le travail t'amènera à retrouver le trésor pour lequel tu es à Buenu.

Conduis-toi dès à présent comme un leader. Le travail procède toujours le titre. Influence ton entourage à cultiver des bonnes habitudes. Je t'ai dit plus de choses et te souhaite bonne chance.

Je ne serai pas loin de toi. Je t'accompagnerai partout où tu seras. Évite le complexe et franchis les barrières de ta vie. Il n'y a pas de combat sans martyr. Que les dieux soient partout où tu seras et t'apportent du succès.

J'ai déjà parlé à ma famille de mon voyage que j'effectue et je leur est parlé de notre séparation. Il est certainement vrai qu'ils sont tristes. Mais quant à toi, raisonne comme un homme. Regarde, Vanessa veut te parler. Après ces paroles, il me fit un geste de main pour me dire au-revoir.

Je me croyais dormir ou éveillé, et c'est Vanessa qui m'appelle. Je me suis directement tenu en criant, Kanshi, Kanshi, Kanshi. Désolé, me disait Vanessa. C'est du moment où les garçons de salle sortaient le corps de Kanshi. Il n'est plus. Sans doute en Afrique il n' y a pas seulement de télépathie, mais les esprits et fantômes sont une réalité. Vanessa tout comme la femme de Sami qui avait assisté à toutes les scènes se mirent à m'encourager. Personne ne pouvait me consoler mieux que les paroles de Kanshi. Je ne peux plus le revoir.

L'hôpital se décida de placer son corps à la morgue. Je m'empressais de sortir de l'hôpital pour m'imaginer comment enterrer le corps de Kanshi. Merde, vous vous rendrez compte que le monde est méchant. Le chargé de comptabilité avait fait une interdiction formelle comme ce fut le cas au moment de l'opération de Kanshi. Il ne voulu pas que je sorte de l'hôpital. A condition que je paye une somme de 150.000f exigée, y compris les 100.000f de retrait du corps de la morgue.

Je me demandais alors à quoi servirait tout cet argent pendant que Kanshi n'était plus? Vanessa obligea de rectifier la lettre de prise en charge de Kanshi sous son nom. Son frère médecin ne se laissait plus voir.

Je ne savais pas qu'elle avait pris soin de tout signifier à sa soeur par voie de messagerie. Tout à coup, une djeep 4x4 se faisait remarquer. Une dame superbement habillée faisait son entrée. Elle réclama le corps de Kanshi. J'ai su, de par sa morphologie que c'est bien la soeur de Vanessa.

Où est-ce qu'on se rendait, je ne savais rien. On avait fait une de marche. Et je me rendu compte que nous étions au cimetière. Dans la Djeep il y avait plus à peu près six personnes sans compter Vanessa, sa soeur et moi. On descendu le corps vers la tombe. Et le pasteur commença les cérémonies funèbres selon sa religion. Je n'étais pas du tout intéresser par ses conéries. Je m'inquiétais de plus en plus car dans nos cultures, on ne peut pas enterrer le mort le même jour de sa disparition.

Vanessa me signalait en ces instants que le message de la disparition de Kanshi était passé à toutes les chaînes de la presse locale. Je m'étais alors rassurer que les oncles avaient été saisis de la mort de Kanshi. Et sans doute, c'est la tente de Kanshi qui sera la sorcière indexée sachant la mort de Kanshi. Et pourtant elle n' y était pour rien. Comme vous le savez, en Afrique la mort naturelle n'existe pas, même pour un vieillard. Qu'il s'agisse d'un avorton, il faut toujours consulter les voyants en vue de détecter qui aurait tué.

La soeur de Vanessa me demanda de prendre la parole et dire un dernier mot avant l'enterrement de Kanshi. Mes gémissements n'avaient laissé personne indifférent. C'était chaque personne qui criait et pleurait à haute voix. Là j'eu un réconfort et je su me calmer pour n'est dire qu'un adieu à Kanshi mon cousin et ami d'enfance.

Sur le chemin de retour, Vanessa ne faisait que parler à sa soeur. Je su alors qu'elle intéressait à sa celle-ci ma peine et lui demandait que je sois logé chez-eux. Entre temps, la femme Samaritaine mère de Jésus ne cessait de me réconforter.

La soeur de Vanessa me demanda alors où elle pouvait me laisser avec sa Djeep. C'est encore le temps que mes gémissements reprennent la scène d'enterrement. Quelques temps après, elle me demanda d'aller rester dans un premier temps chez son ami en attendant qu'elle demande l'avis de son mari s'il pouvait m'accepter chez-lui.

Vanessa me souffla d'accepter. Je n'avais pas de choix et j'avais tellement peur. Elle me dit ensuite qu'elle pourrait me laisser chez son ami à une condition ; ne jamais manifester que je venais de perdre mon frère, au risque d'être refusé par ladite.

Nous étions obligés de passer d'abord chez l'oncle Mukundayi en vue de reprendre tout ce qu'on avait comme bien. A ma grande surprise, la radio continuait à rediffuser la série d'informations nécrologiques, notamment celle de Kanshi.

Pendant qu'on pliait les pantalons pour traverser les flaques d'eaux en face de la Villa de Mukundayi le monstre, sa femme piler librement ses feuilles de manioc. Lui-même me demandait comment allait Kanshi. Il voulait me signifier qu'il était de passage à l'hôpital où il nous avait aperçu. La femme de tonton Sami annonçait en ces mêmes instants le message à son homme qu'on revenait du cimetière.

Qui devait croire que l'Afrique n'avait pas besoin des comédiens pour tourner ces genres des films ? Mukundayi et sa femme voudraient faire voir à tout le monde qu'ils étaient vraiment émus de la compassion au sujet de la perte de Kanshi. Comme il était 21h, j'avais prié à Vanessa et sa soeur de me laisser dans cette même famille. Et surtout que je n'avais pas droit d'oublier le même jour celui avec qui on a vécu le meilleur et le pire. Elles m'avaient compris et promis qu'elles devraient revenir le jour suivant me prendre vers la nouvelle destination.

Je vis Sam qui pleurait on dirait Kanshi était son fils ou peut-être sa parenté. Sa femme commença à nous raconter ce qui avait réellement causé la mort de Kanshi. Elle me dira que c'était bien le frère de Vanessa. A force d'attendre le mot d'ordre du chargé de comptabilité, tous les médecins étaient partis intervenir ailleurs. Elle était abandonnée juste à côté de Kanshi.

Pendant toute cette période d'attente, le frère de Vanessa, généreux comme sa soeur, s'était mis à opérer seul. Comme vous le savez, cela fait un bout de temps qu'il avait cessé sa carrière pour devenir chauffeur, en vue de sa survie. De retour au métier, je m'imagine qu'il avait perdu plusieurs notions. La femme nous témoigna qu'il luttait avec amour pour sauver Kanshi. Mais juste après l'opération, il s'était rendu compte qu'il avait mal fait le choix de sanguin à transfuser. Je compris que seule la bonne volonté sans connaissance et conscience pures tue.

Kanshi qui n'avait connu la perte de sang pendant cette opération difficile, avait besoin de transfusion pour se ressaisir. Le médecin se trouvait seul au four et au moulin. Juste une petite erreur de confusion de groupe sanguin nous coûta la vie de Kanshi.

La femme de Mukundayi était venue m'interroger si j'avais envie de manger quelque chose. C'est en ce temps que j'avais compris que tous les voisins lui reconnaissait le mérite d'assassinat de Kanshi. C'est tonton Sami qui était premier a lui donner une bonne gifle. C'était une bagarre sans pareille entre nos voisins et la grande famille de cette femme. Le bon Dieu voyant qu'il devait se passer le pire, ordonna à la pluie de renvoyer tout le monde chez lui.

La maison de Mukundayi ne suffisait même pas pour dix personnes. Je m'étais retrouvé dans la famille de tonton Sami qui avait décrété trois jours de deuil au nom de Kanshi dont il ne connaissait même pas les origines. Je me décidais alors de finir ce deuil comme il en est le cas dans nos coutumes, avant de retrouver Vanessa et sa soeur.

Après ces trois bons jours de tous les scénarios du monde, j'étais obligé de dire grandement merci à cette famille de Dieu et la séparation était consommée.

Vanessa était venue à ma rencontre et m'avait amené dans une parcelle bien clôturée. Toutes les bonnes conditions du monde étaient réunies. Elle me dit que c'était l'endroit où je devrais rester pour un petit temps. Elle m'avait rassuré qu'elle avait demandé à sa soeur de trouver pour moi une maison dont le loyer serait à leur charge.

C'est ici où j'eu à rencontrer Mamadou. Un ancien journaliste à la radio internationale Kilimandjaro. Il était doux, accueillant et social. Il savait que j'étais un étudiant et voulait me signifier comment les choses étaient bonnes à leur époque.

Voici les révélations qu'il eu à faire à ce sujet :

La République du Mongo était un pays plein des potentialités. Les ressources naturelles attiraient plusieurs personnes vers elle. Le monde entier lui reconnaissait le mérite d'être le premier pays au monde en matière de production d'ananas. Les gens couraient de gauche à droite pour s'y enrichir. Les prières des étrangers étaient celles de se retrouver toujours demeurant dans ce pays.

Au temps du Président Kennedy, les investisseurs venaient de partout. Le jus était produit localement. Il y avait autant d'usines de transformation de matière première. Chacun se retrouvait dans ce pays. Les jeunes étaient employés en grand nombre. Seuls les paresseux ne pouvaient que se plaindre.

Je me rappelle le temps où on allait toutefois jouer avec les amis à la cure. Les pères, comme vous le savez, aiment vraiment les enfants. Ils nous apprenaient le football, la boxe, et tant d'autres choses. Je suis reconnaissant que mes premiers pas vers la lecture et analyse des œuvres littéraires sont les fruits du travail des missionnaires.

Toutefois, à mes émissions, je n'ai jamais cessé de louer l'apport des étrangers dans notre pays. Pour des raisons de mémoire noble, ma mère était une domestique. Mon père était un fossoyeur du cimetière de Kinino. Ce cimetière était l'œuvre des blancs pour les blancs. Chaque quinzième jour du mois, on savait que papa revenait avec la provision pour le mois prochain. C'est aussi pour la première fois que j'ai vu un salaire toucher les deux bouts du mois.

Le courant était sur toutes les avenues du Mongo. Comme vous pouvez vous étonner, le père creusait les tombes à l'aide des machines électriques. Ma mère préparait à l'aide des réchauds. La même situation était générale dans toute l'étendue du territoire national. Personne ne se plaignait. En ce temps, le terme "grève" n'existait pas dans le vocabulaire mongo.

Les écoles fournissaient des produits incontournables. Ah! Nôtre beau pays. On dirait un paradis. On serait reconnu touriste de classe mondiale à une condition d'avoir été à Mongo. Il était beau ce pays. Asphalté jusqu'à son extrémité. Je vu pour la première fois l'armée se réjouir d'un salaire digne de son nom.

En ce temps là, je n'avais jamais vu les pasteurs et les églises pousser comme les champignons. Le travail était l'unique préoccupation pour tous. Il n'existait pas de parlements debout (les débats politiques animés chaque jour devant des grandes artères principales). Le verbe manger se conjuguait dans son contexte.

Aujourd'hui plusieurs personnes apprécient mon métier de journaliste et animateur d'émissions culturelles. Au moment où nous avons étudié avec les blancs, trois enseignants venaient pour le cours de français. La linguistique était dans toutes les options. On avait deux gons des cours ; matin on était devant nos enseignants respectifs. Le soir nous étions dans les groupes d'études organisés par les différents chefs des équipes.

Le président Kennedy prenait part à une conférence panafricaine. Le débat était centré sur l'émergence du continent. Tous les pays avaient pour modèle, la République Mongo. En ce temps-là, comme vous le savez, la République Mongo était un royaume. Le président ne savait pas que ce qui faisait sa gloire était sujet d'amertume, de jalousie pour ses ennemis. Il avait bien ténu sa place au sein de la conférence panafricaine. Ce qui étonne, c'est son point de vue qui était non satisfaction des tous les présidents. Dans leur réunion, quand bien même sa thématique était connue de tous, les grandes décisions étaient discrètes.

Personne ne savait pourquoi le premier ministre Kamba était rentré au pays avant cinq jours de de la fin de la conférence. C'est après la mort inopinées du président Kennedy que tout le monde avait su qu'il s'agissait d'un coup d'État orchestré par le chef du gouvernement avec les différents présidents africains à son soutien.

Nous avions tous reçu l'information faisant état de la mort du président Kennedy dont on ignorait la cause. Nous étions obligés de parler d'un crache d'avion. Tous les médias avait ce même langage. Un regret d'avoir perdu en un jour toute la famille présidentielle et tout son cabinet. Un deuil national était déclaré sur toute l'étendue du territoire national. Peut-être on ne s'imaginait pas d'un coup les conséquences qui en découleraient.

A une semaine de la disparition inopinée d'un baba (père) de plusieurs enfants, le premier ministre s'autoproclamait sans contredit président des Mongos. Sa première grande décision était maladroite et visait l'interruption des toutes les chaînes et radios internationales. On avait reçu, comme les autres avec grande déception, sa circulaire à notre chaîne. Personne n'avait su qu'on avait à faire à un dictateur plus que la dictature même. Il ne recevait aucun journaliste étranger pour des interviews.

Il avait prévu deux semaines après la prestation du serment devant des milliers des personnes. Dans son adresse, il avait ténu en premier lieu à adresser ses regrets et douleurs immenses à la population Mongo pour la perte du président. Il demandait à toute la population de ne jamais oublier ses grandes actions de juste valeur. Il l'avait élevé au rang d'un héros national. C'est l'unique point fort de son discours. Même s'il restait pour lui un moyen de flatter le peuple Mongo, ce dernier avait saisi ce point avec rigueur. En deuxième lieu, il soulignait qu'il était temps que le peuple Mongo se réjouisse seul de sa richesse ; il pensait que les étrangers n'avaient aucun droit de récolter là où ils n'ont pas semé. En définitive, il surprenait tout le monde en annonçant l'opération de renvoi des étrangers enfin d'enrôler le peuple Mongo.

Des tortures avaient suivi son allocution. Certains aveugles arrivaient même à piller les maisons des étrangers. Les entreprises commençaient peu à peu à fermer leurs portes. Mon père et ma mère se retrouvaient des vrais chaumeurs. Le paradis se transforme en enfer. Comme vous le savez, la construction peut prendre tous les temps possible, mais la destruction se fait toujours en une minute. Il est difficile à construire, mais facile à détruire.

Dix ans après, on ne restait qu'avec les bâtiments dans un état de délabrement comme l'unique souvenir de passage des étrangers dans notre pays. Je souffrais vraiment, ma famille aussi. Le chaumage battait son plein record à tel enseigne que le peuple Mongo se mettait sur la rue réclamant les élections. La gendarmerie pouvait en des telles circonstances apprendre comment tirer les balles réelles. Les enfants, les grands, les vieux mouraient à fleurs d'âge.

Comme je n'arrivais pas à me trouver devant un emploi de mon domaine, je me décidais de faire l'enseignement. Un ancien ami de mon père avait ouvert une école privée. Ne vous étonnez pas d'apprendre que la même année, il avait inscrit les élèves jusqu'en six ème année du secondaire. Une école sans arrêté ministériel. Le promoteur était diplômé de six ans en électricité. L'école avait cinq option, à savoir la pédagogie générale, la coupe et couture, la biologie chimie, la commerciale, l'informatique et la nutrition. On réservait des places à qui que ce soit pour avoir plus de revenus à la fin du mois. Les élèves étaient considérés comme des marchandises.

Il y avait déjà une semaine passée lorsque je faisais mes premiers pas à l'école. De loin, comme vous ne pouvez vous imaginer, tous les bâtiments étaient bien ornés avec la peinture bleue-rouge. Je pouvais lire en gras " Le complexe scolaire Kuimbe, la qualité fait la différence".

J'étais obligé de rencontrer le préfet pour notre premier contact. Il était entouré des plusieurs personnes ; parents et élèves. Les inscriptions continuaient. Le promoteur m'avait aperçu de loin et avança vers moi. Je le saluais en disant, Monsieur Tshibangu, j'espère que vous n'êtes pas surpris de me voir. "sois le bienvenu mon fils. Ton père et moi avons connu des souvenirs nobles. Je ne peux l'oublier" dit-il avec un sourire au lèvre.

Lui-même m'avait introduit chez le préfet. Dans un petit bureau où on ne pouvait placer deux chaises. Il transpirait comme un voleur qui vient de s'échapper des mains des militaires. Il n'avait qu'un cahier pour l'enregistrement des nouvels élèves. Richard avait ses lunettes claires qui lui faciliter la lecture. Il m'avait interrogé le motif de ma présence dans son bureau. Je n'avais hésité de lui donner tous les détails possibles sur ma présence. Juste lorsque je me suis présenté, il m'avait reconnu facilement. A travers la presse, tout le pays me connaissait. On s'était dirigé vers la salle de quatrième. Toutes les promotions fusionnées, il m'avait demandé de commencer n'importe quel cours que j'aurais préféré. Mes arguments autour de la préparation ne pouvait rien changer dans ses décisions. "Tu dois enseigner même sans avoir préparé, sans documents. Notre souci est d'encadrer les élèves. C'est pour moi une façon de te tester". Me disait-il.

J'entrais dans une classe de cent cinquante élèves. Ils me signifiaient qu'ils attendaient un cours d'ensemble. Il n' y avait pas des pupitres pour cette foule immense, on dirait des sardines dans une boîte. Je me demandais si vraiment leurs parents voudraient les meilleurs enseignements où ils souhaiteraient moins dépenser dans cette porcherie qu'ailleurs. Chose grave, le tableau n'existait pas. C'est plutôt une tôle attachée avec des cordes, noircie qui remplaçait le tableau. Les élèves se mettaient par terre. Ils utilisaient leurs cuisses pour des écritoires. Il n' y avait pas de rangers permettant à l'enseignant de circuler jusqu'au fond de la classe. Je remarquais un tam-tam sur lequel quatre élèves se mettaient. Je compris que c'était un temple transformé en une salle de classe. Il n'était ni éclairé, ni aéré.

J'avais fait ce qui me semblait bon en ce jour. Faute de quoi je serais obligé d'abandonner le poste. La situation était la même pour toutes les classes ; toujours plaitoriques, mais sans assises ni écritoires. Je m'étais forcé d'assurer les enseignements mal gré moi.

Une semaine avant les examens, j'avais commencé à voir les vas-et-viens des élèves des classes confondues chez-moi. Chacun me proposait ce qu'il trouvait normal pour réussir. Je n'ai jamais souhaité corrompre ou être corrompu. Peu importe la situation que je pouvais traverser, je les renvoyais avec une dureté. " Les points se méritent et ne s'accordent jamais".

Nous avions l'enseignant renommé de la ville du nom de Djo. Il avait aussi sa propre fille dans cette école. Elle n'était qu'une idiote de dernière classe. Bilonda était son nom. Elle se faisait compagnie de Kapinga. Une fille très jolie de taille et de forme. Elles étaient en quatrième où j'étais titulaire. Je les voyais venir après les heures de cours chez-moi. Elles n'avaient pas hésité de me signifier qu'elles étaient prêtes à tout m'offrir au prix de leurs réussites.

Cette tentation arrivée au moment où je faisais deux mois sans être payé. Je ne pouvais m'imaginer une telle escroquerie. Le promoteur devenait invisible les jours des payes. Il ne nous donner pas l'argent. Il payait des vivres, des habits ou des chaussures qu'il distribuait aux enseignants au prix des leurs honoraires. Je refusait toutes ses offres. Il ne s'occupait plus de moi. Je ne voyais pas en lui un ami de mon père.

Ma réponse était la même à tous les élèves qui tentaient me corrompre ; non et non. Bilonda était partie raconter à son père que je lui faisais course. Celui-ci avait pesé de toutes ses forces et j'ai été expulsé de l'école par le préfet à l'absence du promoteur. Je n'avais aucun choix. J'avais peur de rentrer dans le service médiatique. Mes émissions ne pouvaient que me créer des problèmes.

Il se passait déjà trois mois après mon départ de l'école. Professeur Djo avait enceinter Kapinga l'amie de sa fille. Il lui avait demandé de ne dire à personne. La fille se contenait de dire à qui que ce soit sa condition. Tout était bouleversé au moment où l'inspecteur Mbumba était arrivé à l'école. En sa présence, la fille était tombée par terre. On se rendait compte qu'elle était entrain d'avorter. Vous découvrez comme moi qu'on ne peut garder la nouvelle de grossesse ni l'avortement. La salle criait à grand bruit. Kapinga était conduite le plus vite au centre le plus proche. Sa grossesse était confirmée. Elle ne pouvait se retenir de dénoncer le professeur Djo. Sa condition s'agravait à chaque minute

Il était vite emmené au parquet. Le procès en flagrance était attendue de tous. Il était tombé entre les mains du bâtonnier Kali. Celui-ci lui demanda s'il voulait le jugement devant le tribunal ou peut-être il était prêt à négocier. Djo était habitué à des tels actes. Il avait demandé au bâtonnier Kali de lui dire ce qu'il voulait. Il lui demanda 600.000f. après un petit moment de discussion, les deux camps s'étaient convenus. Sur place il donna 450.000f.

Le Bâtonnier appela ces deux policiers les plus proches. Il les chuchota à l'oreille. Ils pris la direction de la prison centrale. En cours de route, on signalait la fuite du professeur Djo vers une destination inconnue. Les policiers également avaient pris fuite de peur d'être incarcérés. C'est au moment où le promoteur venait introduire un unième dossier de Djo au parquet. Cette fois-ci, c'est la fille du promoteur qui est la victime. On se demandait si Djo transférait ces grosses en esprit aux filles. D'autres personnes pensaient qu'il était un distributeur international des grossesses. Le promoteur n'était même pas reçu par le bâtonnier.

Quelques minutes après la fuite de Djo, le bâtonnier Kali recevait un appel urgent. On lui informait que son unique fille était gravement malade. Ne soyez pas étonné de découvrir qu'il s'agit de Kapinga dont son père avait déjà consommé la somme de Djo. Il était juste à la porte de sa maison au moment où on vit l'entrée du cadavre. Les Infirmièrs n'avaient pas tardé à lui dire que sa fille est morte de l'avortement mal dirigé. Il se prespita et cherchant à savoir qui était l'auteur de cette grosse. On lui signifia que c'est bien le professeur Djo. Il se rendit en ces instants compte qu'il était lui-même auteur de la mort de sa fille. Les biens mal acquis ont toujours eu des retombées sur les receveurs.

Mon fils Papichu, je te vois si brillant et intelligent. C'est avec des gens comme Kennedy que ce pays pourrait reprendre son image traditionnelle. Si tu veux atteindre ta destinée, décide de ne suivre le modèle de tous ces malfaiteurs dont je viens de te parler.

Accepte de souffrir comme moi. C'est au nom de la justice, l'honnêteté et le respect de ma dignité que tu me vois aujourd'hui devenu nul. C'est la femme qui fait tout pour moi.

Je n'ai plus d'espoir en moi-même. Mais je crois qu'un jour, un Kennedy reviendra de la mort à la vie. Comme vous le savez, en Afrique on ne meurt pas éternellement. Ceux qui partent, se prépare pour revenir. Ils reviennent avec force, puissance et énergie solides. Ce pays aura un jour son uniforme comme ça été jadis.

Je comprenais alors qu'il s'agissait de Kanshi qui me revenait avec un discours brillant et révoltant. J'avais tellement mal d'entendre des telles révélations. Je sentais en moi une force me permettant de me mesurer à cette bataille. Une bataille contre un pouvoir sanglant. Je pensais bien qu'elle ne serait possible que lorsqu'on a un défi soutenu par le courage.

Dix jours après, je vivais déjà chez-moi. Bien que petite, ma maison était au centre ville et me procurait la paix du cœur. Je ne pouvais plus penser à la villa de Mukundayi.

Des mains de Rambo, j'avais reçu la lettre de ma famille qui décrivait à quel point la mort de Kanshi avait causé des douleurs immenses. Je su comment tout s'était passé et je n'étais pas étonné d'apprendre que la tente de Kanshi était renvoyée du village, quand bien même je savais que Kanshi était tué par la pauvreté.

J'étais ému par les encouragements de toute la population qui me stimulait d'aller jusqu'au bout. J'avais reçu avec empressement la cotisation de tout le village au sujet de mon inscription. J'avais pris soin de répondre à leur lettre tout en soulignant le message de Kanshi d'avant sa mort. La lutte continue, c'était ça m'a conclusion.

Vanessa me fréquentait autant de fois que possible. Lorsque qu'elle avait su que je revenais en moi-même, elle m'avait demandé d'aller prendre inscription. J'étais déjà en retard d'une semaine de la rentrée académique. La discussion de faculté avait repris. Elle me demandait d'abandonner la médecine. Ses raisons étaient fondées. J'eu à opter pour les sciences humaines, au département d'histoire politique. Elle faisait la psychologie depuis sa première ville. Elle m'avait promis qu'elle pouvait m'accompagner pour mon inscription.

Je ne pouvais m'imaginer que notre pays chantait ainsi la corruption et autres antivaleurs à tous les niveaux. Pour prendre l'inscription, nous avions pris deux jours. Chaque bureau nous réclamait du café. C'est en ce temps que je su qu'à Buenu le café n'est pas celui que je connaissais. Je n'avais pas de choix. Avant d'enseigner aux Romains il faudrait se faire Romain. Après tous ces efforts consentis, je ne cessais de dire à Vanessa qu'un jour, les choses devraient changer dans ce pays.

J'avais pris soin de prendre au sérieux les cours. J'étais l'étudiant timide dans la salle. Personne ne pouvait m'accepter dans son groupe d'étude. C'est au moment pendant lequel je su que l'aide de Vanessa avait de limites. Elle ne pouvait venir assister au blesage (le blesage est un jargon des étudiants qui s'explique comme système qui consiste à faire subir la souffrance aux nouveaux inscrits appelés " boulet"). Mes papiers étaient ravis par les plus forts du moment. Au cafétéria je n'avais pas droit de manger calmement mon repas. De fois j'achetais pour les autres et moi je mourrais de faim. C'était difficile à supporter.

Par moment je me disais s'il ne faudrait pas arrêté ! Le discours d'adieux de Kanshi me revenait en tête. Je sentais une révolte. Je me disais, je ne suis pas seul. Ou encore je ne finirais pas cette bataille seul. La vérité ce qu'il existe certaines personnes qui n'attendent que le coup d'envoi pour combattre comme moi.

La session tendait à l'horizon. Je vis Dina entrer dans ma maison en pleurant. Nous étions en plein travail avec Vanessa. Notre objectif était la distinction. Je me demandais s'il n'était pas encore question de son Kanshi comme c'était le cas pour le mien.

Vanessa lui adressa la parole en premier lieu, elle lui répondit que c'était question de l'annulation de l'unique travail pratique d'un professeur visiteur. Celui-ci avait constaté que ses réponses étaient conformes à celles de Vanessa. Pendant qu'elle n'avait pas fini de raconter ces blablas, je lui demandais d'attendre les interrogations et examens. Elle me répliquait qu'il n'en est pas question pour ce professeur. Je leur avais promis de les accompagner le jour suivant, pendant qu'elles s'empressèrent de le voir le même jour. Au retour de Vanessa, elle me rassurait que tout s'était bien passé. Ils ont sans doute cotisé l'argent et leur chef de promotion a convaincu le professeur de changer son avis et délibérer la promotion. Mais enfin, même les professeurs ? Vanessa me rassurait que le système est partout dans le pays. A notre niveau on en peut rien.

Vanessa était une fille qui se respectait et n'était pas dans le système des points sexuellement transmissibles. Et pour tant, c'était ça la monnaie courante de Dina. Elle, non seulement elle pratiquait le sexe à l'université, mais aussi à la cité. J'avais compris alors pourquoi elle ne voulait pas perdre son temps le jour où je lui demandais de payer ma montre. C'est une fille qui veut gagner sa vie peu importe les moyens engagés. Je demandais à Vanessa de cesser son amitié d'avec elle. Vanessa me demandais de donner le temps au temps.

La session venait de commencer et qu'il y avait déjà trois jours sur dix. Après mon examen, je partais comme d'habitude attendre Vanessa au réfectoire. Cette fois-ci, elle avait pris trop de temps plus qu'elle ne l'a jamais fait un jour. Je somnolais encore sur mon écritoire. C'était encore mistérieux. La voix me disait : " sois sage le temps est venu pour que tu affronte ton combat. Évite la peur. Vanessa est dans une situation compliquée. C'est à cause de toi que cela arrive. La valeur d'un homme est évalué par rapport aux défis qu'ils affronte".

Cela se reproduisant plus de trois fois. Je ne pouvais m'imaginer que Vanessa était déjà à côté de moi. Elle ne voulait parler à personne. Elle était triste. Son état m'inquiétais d'avantage. Je lui avais ténu la main et on se rendit à la maison. Arrivé près de sa famille, elle me demandais de la laisser seule pour un moment. J'étais obligé d'aller chez-moi. Mais en réalité, sa tristesse m'avait frappé plus que la mort de Kanshi. Je sentais que je perdais mon contrôle et que je commençais peu à peu à devenir passionné d'elle.

Vers 13h, j'avais reçu la visite de mes deux copins de classe. Qui se ressemblent s'assemblent dit-on, c'était des plus pauvres de l'auditoire. Je n'avais moi aussi envie de parler à personne. Ils avaient compris que je pensais à Kanshi, ils m'avaient demandé de les suivre au moment convenable pour le travail que nous avions.

Quelques minutes après, c'est le mouvement de pas de quelqu'un que je sentais. C'est bien Vanessa qui venait en courant sous une menace de pluie. Je sentis la fraîcheur de coeur. Vanessa demeurait toujours triste. Ce qui m'importait, c'est sa présence.

A son arrivée, elle m'avait dit qu'elle était venue seulement me voir, elle n'avait envie de parler à personne. Je comprenais qu'en dépit de son sérieux, elle reste fille.

Je m'étais approché d'elle. Je lui parlais calmement à l'oreille. Entre-temps, j'hésitais et tâtonnais avec ma main qui, par moment touchait son épaule. Elle me sera elle-même dans ses bras et m'ambrassa comme je ne l'ai jamais fait. C'était le ciel sur terre. Elle m'avait ouvert son coeur et me dit qu'elle était folle amoureuse de moi. Je lui avais clairement dit que je manquais juste le courage pour le lui dire. Cette fois-ci on s'ambrassa plus qu'à jamais. Comme vous le savez, c'était la virginité de Vanessa qui m'a été offerte. Après l'acte, elle reprit chemin sans rien dire.

Le lendemain, juste sur le chemin de retour, elle était trop fièrte et me disais à voix douce : je t'aime Papichu. Je t'appellerai désormais Papivan. Et je profitait de ces instants pour lui demander ce qui était à l'origine de son attitude étrange d'hier. Elle m'avait donné juste son téléphone pour lire le message du professeur Banene. Plus de cent fois, il lui demandait de coucher avec elle. Elle ne voulait même pas lui répondre. Il l'avait appelé dans son bureau et lui faisait pression sur sa réussite, elle resta ferme.

Après cela, je cru que s'était le motif de son inquiétude. Elle prit la parole et dit; le professeur Banene est au courant de notre amitié. Il a su que c'était toi l'unique raison de ma résistance contre lui. Hier, il m'a brandit tous tes examens et travaux pratiques. Il m'a dit que tu ne peux réussir qu'à condition que je couche avec lui. C'est pour cette raison je me suis décidée de t'offrir le cadeau le plus cher de ma vie.

C'était le temps qu'on se sépare et j'avais demandé à Vanessa de garder son sang froid : Vanessa, n'oublie pas que j'ai accepté le combat lorsque tu m'as vu suivre le cours. Va étudier ce que nous pouvons faire demain. J'espère qu'à chaque situation vaut toujours une solution. Celle-ci n'arrive qu'après un temps de concentration et raisonnement. Et d'un coup je ressentais la voix me dire, sauve Vanessa. Et je ne dit plus un mot que le geste d'au-revoir.

Deux jours après, des menaces continuaient. Et le compromis était trouvé entre Vanessa et moi. Le plan était soigneusement étudié. On décida de piéger le fameux professeur. C'était un dimanche que Vanessa lui dit qu'elle était prête à lui offrir ce qu'il voulait. Il lui demanda de le rejoindre dans l'un des hôtels les plus chers de la ville à 9h.

Nous nous y étions rendu à 7h. Vanessa avait pris une chambre à 100$. Elle me cachait dans un coin incroyable avec son téléphone déjà préparé pour le tournage. Il était 9h. Vanessa était juste à l'attente du grand Buana. Il vint tout souriant. Je suivais de discussion au couloir. Il voulait savoir pourquoi Vanessa était venue avant lui et avait déjà pris une chambre. Il remis à celle-ci le double de ce qu'elle avait payé. Il ne tarda pas de faire son entrée et le tournage avait commencé.

Vanessa lui soumettait à une condition avant de lui donner ce qu'il voulait : tu dois jurer que Papichu ne va pas reprendre l'année. Il l'avait fait empressement et avait promis à Vanessa la grande distinction. Vanessa lui interrogea comment cela serait possible. Il se mit à parler : je suis le doyen de la faculté.

Tout passe par moi. J'ai favorisé plusieurs personnes non seulement à se distinguer, mais aussi à devenir chef de travaux. Nous vendons des articles et composons les faux dossiers, c'est ainsi que les choses se passent sous ma gestion. Je peux te rassurer que tout homme qui peut se tenir en face de toi pour m'empêcher de sortir avec toi (sortir avec quelqu'un est un langage codé qui veut dire, rester avec quelqu'un comme petit ami) le payera à la valeur de son souffle.

Pendant qu'il continuait à s'expliquer, il sortit une arme. Vanessa s'empressa de la récupérer. C'était pour nous une force de plus. Elle avait tout fait pour me la parvenir. Il n'avait rien. Vanessa lui demandais de continuer son discours. Il n'hésitera pas à lui dévoiler qu'il était à l'origine de la mort d'un chef de travaux qui venait de mourir. (Il n'y avait pas deux semaines). Il l'avait empoisonné. Il pensait que c'était lui qui sortait avec Vanessa. Pour lui, c'était une façon de prouver en quoi il aimait Vanessa. Elle, lui posa la dernière question de savoir s'il n'était pas marié. Sa réponse était étonnante : je peux te rassurer que ce soir elle cessera de respirer si c'est la seule condition pour toi de m'offrir le cadeau que j'ai attendu longtemps. C'est sur cette note que Vanessa lui donna une bonne gifle.

J'avais fini par comprendre que le péché humilie. A ces heures, tout le monde confirmerait comme moi que le respect ne se réclame pas, mais il se mérite. Le professeur s'éleva pour mettre sa main sur son armée. C'était un signal pour que j'apparaisse sur scène. Je m'adressais à lui en ces mots : n'ose même pas. Tu fais honte des titres que la politique vous offre. Tu es assassin. Tu es prêt à tuer pour satisfaire aux besoins impudiques. Te voilà pris en piège. C'est fini pour toi. Ton procès sera public.

J'avais fini par comprendre que dans notre pays le poisson commence à pourrir par la tête. Sa réponse était étonnante. L'unique moyen qui faisait notre force était la détention de cette armée qui l'indexait. Il me disait : " mon petit, avant de t'attaquer à un grand il faut avoir suffisamment de moyens. Toi Vanessa, prends ce téléphone et vérifie bien toutes ces vidéos. J'espère que tu me filme. Je n'ai jamais eu peur d'affronter la justice.

Nous avions pris soin de lire quelques vidéos. On découvrit combien des gens étaient tués et massacrés par l'équipe des coulounas (des bandits à mains armées) sur ordre du type en face de nous. Dans la boîte de messagerie, Vanessa était étonnée de lire le message de félicitation qui provenait du ministre de l'enseignement supérieur et universitaire adressé au professeur Banene pour avoir accompli la mission très importante d'après lui.

Le procureur lui avait également envoyé un audio sur WhatsApp en disant : Bonjour chers membres du PNP (PNP veut dire Parti National Du Peuple ; le parti politique présidentiel, lequel était contesté par 99% de la population)! Le président de la République du Mongo vous félicite pour le travail abattu sans lequel il ne saurait rester au pouvoir. Vous êtes sans ignorer que les Mongos étaient mobilisés comme un seul homme pour réclamer ce pouvoir de toute force. Comme vous le savez, mon pouvoir est le seul qui maintient les vôtres. Nous étant revenu, en dépit des multiples contestations et réclamations, je vous assure que nous l'avons et nous l'aurons pour toujours.

Je vous ordonne, avec force et intensité, mes compagnons, de travailler pour calmer les bruits qui m'embêtent. Vous savez comment vous devez le faire. Tuez si possible, lorsque cela vous est utile à vous maintenir au pouvoir. Qui veut me trahir sera déçu avant son acte. Le procureur qui me suis à présent est lui même chargé de faire la diffusion à tous les niveaux pour que personne ne vienne l'embêter avec des dossiers sans effet des victimes de notre lutte de maintien au pouvoir. Il le faira ainsi pour vous rassurer que personne ne peut vous mettre nulle part en cas d'un geste de résistance contre l'incivisme.

Le message audio était certainement du président KAMBA qui avait fait plus de 30 ans au pouvoir. Vous le savez qu'il l'avait obtenu par un coup d'État.

J'avais eu certainement peur. Mais, je savais que Kanshi m'avait dit : "c'est à toi que revient cette lutte". Vanessa ne pouvait pas s'inquiéter en ce moment. Elle savait que devant une situation difficile, il ne suffit pas de se soucier mais, trouver plutôt solution.

Elle avait pris le temps de lui répondre en disant : Oui bien-sûr, tu es intouchable à te comprendre. Je voudrais que tu comprennes ceci, ton honneur vaut plus que tout. Tu as obtenu tous tes privilèges par le sang. Le procureur ne peut rien contre toi. Aucun juge ne peut mettre la main sur votre membre. N'oublie pas que Dieu existe et qu'il jugera toutes vos actions. Un jour, vous répondrez à vos actes.

Par l'excès de la colère, Vanessa me demanda par le geste de tirer sur le monsieur en question. J'avais pris le temps de lui faire comprendre qu'on ne corrige jamais l'erreur par une autre. Ma langue maternelle nous avait servi pour coder ce message. Le monsieur voulait se laver au moment où je lui parlais avec dureté en ces mots: ne bouge pas monsieur l'intouchable. Encore un peu de temps, votre pouvoir sanglant prendra fin. La chasse aux sorcières sera un jeûne pour vous. Oui, le procureur ne peut rien faire contre toi. La justice n'existe pas dans votre régime. Dès demain, vous verrez que le peuple est à mesure de se prendre en charge. Les médias internationaux vont diffuser toutes ses révélations. Et tu n'as pas oublié que ton président KAMBA t'a dit de ne jamais vouloir le trahir. Je ne suis pas intéressé par rien d'autre que son audio. Il lui parviendra ce soir et ton image va circuler dans le monde entier. Le peuple va se lever pour mourir en ce jour une fois pour toute. Et comme tu le sais, avant de s'attaquer à n'importe qui, ton président va chercher à savoir qui l'a ainsi trahi ? L'intouchable sera en confusion. Il sera recherché par le peuple d'un côté, par son président de l'autre côté. Imagine un peu le type de scandale auquel tu seras soumis dans un futur proche.

Mon discours l'avait frustré plus que l'arme que j'avais en mains. Il nous avait demandé de lui dire tout ce qu'on voulait comme prix et lui pardonner. Je n'avais pas besoin d'argent ni quoi que ce soit. Je lui avais répondu en ces termes : ne jamais nous trahir avant que tu ne regrettes ton acte. Tu dois jurer qu'à tout moment où nous aurons besoin de toi, tu dois répondre positivement et ne faire que ce que nous te demandrons. Sa réponse était; "je le jure".

Nous étions obligés de ne lui remettre que ses cartes sim et son arme sans munitions; c'était illégal pour nous d'en posseder. Et surtout, comme vous le savez, notre combat n'était pas basé sur la violence. Nous nous étions séparés de lui. Qui devrait s'imaginer un tel scénario ? Chacun de nous avait réellement transpiré. Même si on ne s'était pas touché, on était en pleine bagarre. Ça s'appelle " guerre intellectuelle". Seuls les mots frappent mieux que les coups physiques.

Cela faisait cinq ans qu'on avait la main mise sur toute l'institution. On avait changé tant soit peu le système de cette université. Sous l'ombre du professeur Banene, nous avions influencé les côtes des étudiants. Les points commençaient à se mériter et non s'accorder. Le personnel enseignant ne savait comprendre le changement radical du professeur Banene dans sa prise des décisions. Les accusations contre lui étaient orchestrées. Son poste était en danger et il ne faisait que nous demander de mettre un peu d'eau dans notre vin. Il insistait en disant qu'on était incapable de changer le système qui fonctionnait pendant des longues années.

L'inattendu arriva. Pendant la dernière année de licence, Vanessa revenait des cours pendant qu'elle avait été victime d'un accident de circulation. Elle était directement dirigée vers l'hôpital général.

Vous ne pouvez pas vous imaginer. Vanessa doit être transfusée. Cette fois-ci ce n'est plus son frère. C'est toujours les oiseaux de mêmes plumages ; les médecins recommandés par les hommes politiques. L'un d'entre-eux, de la même manière qu'on avait perdu Kanshi, ne tarda de précipiter la mort de Vanessa.

Adieu ma chérie. Tu as pu faire ce que tu pouvais. Je retiens qu'il n'existe pas de changement sans martyr. S'il revenait à moi, je te proclamerais en ce jour Héroïne. C'était en ces mots que j'avais chuchoté lorsque je voyais Vanessa la belle s'en aller.

Comme vous le savez, la mort est une douleur pour les uns, mais une joie pour les autres. Le camp de Banene était si joyeux.

Mais en réalité, personne n'était derrière cet accident si ce n'est le bon Dieu qui, par l'entremise des assassins de l'hôpital général, avait voulu réprendre la vie de la personne qui m'était vraiment précieuse. Elle avait tout fait pour Kanshi et moi. Une fois de plus adieu.

Les étudiants étaient si nombreux à venir de tous les coins et dans tous les sens pleurer Vanessa. Le constat malheureux de ces derniers ce que le cercueil n'était pas décoré comme il en est de coutume lorsqu'un étudiant mourait. C'est la charge de l'institution. Tôt le matin, un grand nombre d'étudiants nous revenait du site sans aucune bonne réponse de l'institution. Elle refusait de décorer la salle et le cercueil de Vanessa. Ce qui causa les troubles intenses et autres actes de barbarie de la part des étudiants y compris d'autres intruis.

Il faut signaler que deux véhicules étaient incendiés. Plusieurs personnes étaient sérieusement blessées. La situation était devenue catastrophique lorsque deux policiers ont été brûlés par les malfrats non loin de l'institution pendant ces troubles. Les militaires étaient alors autorisés à tout faire pour calmer la situation. Ils tiraient en désordre et tuaient se jour-là comme bon les semblait. C'était encore une fois un fleuve de sang qui coulait sans oublier les massacres orchestrés après chaque contestation du pouvoir du fameux président KAMBA.

La situation était redevenue calme. Les militaires avaient volé eux-mêmes tous les cadavres de ce jour. Personne ne peut douter qu'à chaque massacre il y avait des fosses communes qui naissaient. La nuit de ce jour, j'avais obligé au professeur Banene de porter son choix sur moi pour le discours traditionnel d'adieu qui se prononce par l'un des étudiants lorsque ce sont eux qui sont victimes. Il m'avait promis de le faire car, comme vous le savez, il n'avait aucun choix de refuser ni contester à mon ordre.

Les militaires étaient si nombreux aussi bien que la population. Le corps académique avait pris la parole par l'entremise du secrétaire général académique. Dans son discours, il n'y avait que des blâmes sur les étudiants. Des insultes et des propos illicites. Il était à sa fin applaudit par ses collaborateurs. Tout en ce jour passait en direct de la presse tant locale qu'internationale. Après cette adresse, c'est le tour du représentant des parents, qui comme l'autre, vanter en son tour le pouvoir en place et le comité de gestion.

C'est vers 10h que mon tour arrivait. Le modérateur m'avait invité en ces mots : " il est vrai que les deux allocuteurs ont pris 45 minutes pour chacun. Étant donné que nous avons plusieurs actions à mener en ce jour après l'enterrement de Vanessa, j'invite l'étudiant Papichu à prendre la parole au nom de tous les étudiants pour apporter son message d'adieux dans 15 minutes. Toute la salle criait cette injustice.

Je commençais ce discours de façon timide avec le slogan traditionnel des étudiants. Voici l'intégralité de mon discours : □□CAMARADES OH! CAMARADES OH□□!

Monsieur le Directeur général, Monsieur le secrétaire général académique et administratif, Messieurs le personnel enseignant et administratif, Messieurs les étudiants et victimes !

La République du Mongo enregistre en ce jour une perte d'une combattante digne de son nom. A quoi sert bon de porter les titres dont on ne connait ni l'importance, ni encore moin ce qui en fait la valeur? Devenir professeur, ministre, président, député ou qui que ce soit, est un fruit des défis personnels et devient un mérite lorsqu' on en a qualité. Vanessa est en ce jour assassinée par la dictature, l'injustice, et le tribalisme qu'elle combattait. Comme vous le savez, la confusion sur le groupe sanguin est l'unique cause de sa mort.

Messieurs les participants à cette scène! Surtout les étudiants ; lorsqu'on a quelqu'un à la place qu'il ne fallait pas, on assiste à l'assassinat de toute la nation. Demandez-vous si vous occupez le poste que vous méritez ?

Dans les pays civilisés, les professeurs est un docteur. Dans le notre, il faut avoir faciliter une certaine fraude, ou participer aux massacres organisés par certains acteurs politiques, le lendemain, on reçoit comme récompense, le titre de professeur. Je ne regrette pas la seule mort de Vanessa, mais plutôt celle de toute la nation. Dans toutes les entreprises, dans les ministères, dans les établissements d'enseignement, on assassine tous ces jours les Mongos de différentes manières. Même à présent, les assassins participent à la cérémonie de la victime des gestes de leur folie.

Chers étudiants, il n'y a que par la prise de conscience de qui vous êtes que ce pays doit changer. Si accepter l'échec est l'unique moyen pour barrer route à la corruption, décidez de le faire tous comme un seul homme. La vie c'est un combat dit-on. Mais l'intellectuel se bat à l'aide des mots. Vous êtes des personnes capables d'apporter le changement de ce pays. Je vous appelle dès à présent de ne jamais faciliter l'application des antivaleurs.

Vanessa a repris l'année terminale avant de nous quitter à cause de la résistance contre les points sexuellement transmissibles. Disons "non" à ces pratiques avec force. Les points se méritent. Ils ne s'accordent pas.

Disons "non" à l'assassinat intellectuel. L'élite Mongo d'aujourd'hui est foulée au pied. Vos diplômes n'auront aucune valeur dans le monde. N'aimons pas la facilité. L'homme est créé pour être confronté aux difficultés du jour au lendemain. Je fais appel solennel à votre conscience. Affrontons-les, nous sortirons un jour vainqueur.

Chère population et Habitants de la République du Mongo! Vous êtes sans doute en face d'une politique des intouchables. Ils sont prêt à tout. Ils vous tuent tous les jours d'une manière ou d'une autre. Vous vivez l'enfer. Je me demande si le bon Dieu, au dernier jour, enverrait certains d'entre-vous dans un autre enfer. Je ne le crois pas. Vous avez droit à un seul. Mais écoutez-moi, battez-vous tous les jours de bonnes manières. Le peuple gagne et gagnera toujours. Ce combat oblige les défis d'un courageux. Comme vous le savez, le courage triomphe toujours.

Messieurs les dirigeants de ce pays ! Vous êtes aujourd'hui au sommet de tout. Retenez que tout ce qui a un début a aussi une fin. Vous êtes prêt à tout pour vous maintenir au pouvoir. Un pouvoir sanglant n'apporte jamais la paix du coeur. Le peuple ne vous demande pas trop, seules la paix et la gestion transparentielle du patrimoine national. Construisez votre nation. C'est l'héritage que vous laisserez à vos fils. Déposez vos armes. On en a assez. Des tueries sont orchestrées tous les jours. Prenez vos responsabilités. La confiance ne s'impose pas. Elle se gagne par des bons actes. Je vous interpelle de démissionner si vous sentez que vous n'êtes pas en mesure de résoudre les difficultés de la population

Messieurs les dirigeants, vous trouverez bon de revoir votre motivation d'un coup-d'Etat qui vous maintient jusqu'au jour d'aujourd'hui au pouvoir. Comme vous le savez, si l'échelle vous a aidé à arriver au sommet, elle peut vous faciliter encore de descendre. Ne soyez pas surpris de voir quelqu'un d'autre l'utiliser pour vous rejoindre au moment.

Vous semblez prôner la paix, au contraire vous tuez toujours pour vous maintenir au pouvoir. Je ne finirais pas ce discours sans évoquer l'extrait d'un écrivain que j'aime tant, il est anonyme. Il disait à ses alliés ce qui suit : "[...] les Mongos étaient mobilisés comme un seul homme pour réclamer ce pouvoir de toute force. Comme vous le savez, mon pouvoir est le seul qui maintient les vôtres. Nous étant revenu, en dépit des multiples contestations et réclamations, je vous assure que nous l'avons et nous l'aurons pour toujours.

Je vous ordonne, avec force et intensité, mes compagnons, de travailler pour calmer les bruits qui m'embêtent. Vous savez comment vous devez le faire. Tuez si possible, lorsque cela vous est utile à vous maintenir au pouvoir. Qui veut me trahir sera déçu avant son acte. Le procureur qui me suis à présent est lui même chargé de faire la diffusion à tous les niveaux pour que personne ne vienne l'embêter avec des dossiers sans effet des victimes de notre lutte de maintien au pouvoir. Il le faira ainsi pour vous rassurer que personne ne peut vous mettre nulle part en cas d'un geste de résistance contre l'incivisme. Quelqu'un ne vous a en ce jour trahi.

Vous vous étiez trahi dès le premier jour que vous avez choisi le chemin du sang des Mongos.

Camarades oh! Camarades oh!

Je vous présente mon projet de lutte. Le mouvement"combattants pour le changement" est naît en ce jour. Vous aurez toutefois droit de nos nouvelles. Joignez-vous à nous, ensemble nous réussirons à vaincre nos ennemis. J'invite tout un chacun de nous de travailler pour le meilleur. Si aujourd'hui on nous empêche par force notre réussite méritée, je souhaite que sa reste un sujet de joie pour tous les combattants. A quoi bon acheter les points qui vous offrent les diplômes qui n'ont de la valeur que dans un cadre restreint ?

Messieurs les invités, Vanessa ne reposera jamais en paix. Elle est morte combattante, elle le restera. Que sa mort nous interpelle tous. Vos recommandés dans les services publics, sont ceux qui vendent tous les jours les cercueils pour vous et vos familles. Brisons aujourd'hui cette chaîne des morts prématurés.

Je dis et je vous remercie.

Je n'avais jamais senti des tels applaudissements. Les étudiants et toute la population criaient, ça finira, ça finira, ça finira ! Je n'avais même pas mis le pas au sol. J'ai été transporté par les étudiants qui avaient circulé avec moi dans tout le site. L'un m'avait mis dans sa Djeep et on s'était rendu au cimetière.

C'est en ce moment que j'avais senti que le travail bien fait peut vous redonner l'image que la pauvreté vous avez ravis au sein de la société. Toutes les radios commentaient le discours puissant que j'avais ténu. Les réactions venaient de partout. On louait le courage que j'avais ce jour-là. C'est fut un premier discours révolutionnaire pendant que la liberté d'expression était totalement privée à tout acteur politique.

Il y avait vraiment de monde sur la voie. Juste avant d'arriver au cimetière, à partir de notre Djeep, on avait suivi la mort du professeur Banene par balle prétendue perdue. Je pense que vous n'êtes pas surpris. Il est mort pour m'avoir accordé le temps de tenir un tel discours. Un ami nous avez d'un coup téléphoné et me signalait que j'étais la deuxième victime recherché. Pendant qu'on voulait trouver un autre chemin, la Djeep des militaires ne tarda pas à nous bloquer chemin. L'un était sorti et me disait qu'il avait réussi l'ordre de me sécuriser. Ça venait directement du gouvernement provincial. J'étais descendu du véhicule de l'ami. Je me disais, je n'ai pas peur de mourir. Ma mort sauvera tant soit peu les âmes de mes successeurs. Je vais mourir au nom du combat que j'ai pour ma nation.

Il était déjà 12h, pendant que je partais je ne sais où. Je n'étais pas surpris qu'on m'amène à l'abattoir. Ce jour-là, j'avais retenu une bonne leçon. La parole est un moyen efficace pour lutter contre la mafia. Elle blesse plus qu'une arme.

Mon ami qui m'avait pris dans sa Djeep était passé par toutes les radios signaler mon enlèvement par des militaires bien identifiés. Il soulignaient qu'ils les avaient capturé et les images circulaient sur les réseaux sociaux. Lorsqu'un groupe de militaires commençait déjà à me torturer, leur chef avait demandé qu'on arrête. C'est l'appel du président. Il nous demande de relâcher vite ce garçon. On doit étudier d'autres pistes de solutions pour le mettre hors l'état de nuire. Un militaire avait demandé à son chef la raison de cette décision et pourquoi il avait peur. Sa réponse était celle de souligner qu'il s'agit d'un ordre. Le discours a été suivi par des milliers de personnes. La communauté internationale fait des fortes menaces pour la libération immédiate de ce type. Pour calmer le jeu, ils m'avaient retourner à la maison après 3 heures de détention. Ils m'avaient demandé de ne jamais parler de torture si je veux réellement rester en vie.

Juste après ma libération, j'avais ouvert mon poste récepteur. C'était le débat des journalistes sur mon discours. La nouvelle de ma libération était répondue. Les co-debateurs voudraient entendre ma voix. C'était un plateau que je connaissais. J'y étais de passage et j'avais rassuré toute la population Bueninoise que j'ai été détenu mais libéré. J'avais interrompu la chaîne de toutes les questions et je préparais encore le deuxième discours à tenir au jour de la cérémonie d'enterrement du professeur Banene. Chose grave, il sera transféré deux jours après sa mort dans son village natal.

On avait déjà fini les cours et les examens, voir la défense. C'est juste deux mois après les scénarios de Vanessa. J'étais obligé de me cacher chaque nuit. Je n'apparaissais que le jour. On attendait la délibération au moment où j'ai eu à recevoir une convocation du parquet général de grande instance de Buenu. Le motif était insignifié. Comme j'avais tout le temps les émissions gratuites offertes juste pour soutenir le cocha (combattants pour le changement, notre mouvement éstudiatin), j'avais lu en pleine émission ladite et je promettais répondre à 11h du jour suivant.

Le lendemain, les milliers des personnes me suivaient au parquet général de grande instance de Buenu. Je me voyais devenir un grand acteur politique du moment. Il n' y avait pas moyen de me garder longtemps au parquet au risque d'assister à la justice populaire. Le procureur m'avait juste informé qu'une plainte du corps Infirmier de l'hôpital général a été déposée contre moi. Il faut signaler également que le PNP (parti présidentiel) m'accusait aussi pour tentative d'un coup-d'Etat et l'incitation à la rébellion contre le pouvoir en place, sans oublier les affirmations gratuites contre le pouvoir. Il m'avait interrogé sur ce pendant 30 minutes. Il m'avait dit que je devais passer au jugement devant le tribunal. Le dossier n'était même pas bien instruit. J'avais compris que c'était encore un assassin.

Deux semaines après, tout le monde attendait à bras ouverts mon procès. Il était public et télévisé. J'avais 23 ans en ce moment. Je n'avais jamais assisté au tribunal pour quoi que ce soit. Le jugement avait commencé. On avait procédé à tout contrôle possible sur ma personne. On m'avait demandé si j'aurais besoin de la défense. J'avais dit non. Dans un pays comme le nôtre, la défense est capable de vous envoyer en prison avant l'heure. Je réunissais mon courage pour affronter les ennemis de la nation.

Le même jour, on m'envoyait déjà en plaidoirie. J'étais seul face à 150 avocats des deux parties accussantes. Ils avaient pris tour à tour la parole pour dire combien mon discours était fictif. Je savais que le juge président était manipulé. Il leur avait accordé tout le temps possible.

Après leurs accusations, le juge m'avait demandé de donner la preuve qui stipule que Vanessa est tuée par l'inadevertence des médecins. J'avais répondu en ces mots : Monsieur le juge président, les médecins travaillent sur les vies humaines. Ils n'ont pas droit à l'erreur. Je suis aujourd'hui accusé pour avoir dénoncé l'assassinat que vous la justice facilitez et soutenez tous les jours. Je veux apporter le moyen de défense. Il est simple. Faites appel au médecin traitant qui a reçu Vanessa pour le soin. Nous allons nous entretenir en votre présence au sujet de la perte de la vie de Vanessa.

Le médecin était arrivé le plus vite que possible. La cours m'avait permis de lui poser de façon directe les questions. Je lui avais simplement demandé de nous dire combien de groupe sanguin avons-nous. Sa réponse était étonnante : nous avons je pense huit à neuf groupe. En fait, tout dépend d'un individu à l'autre. Il y a les gens qui ont le sang tout rouge, d'autres c'est noir. Voilà je viens de me rappeler qu'il y en a deux donc. Vous m'excuserez pour un peu de tâtonnement. Toute la salle criait "assassin, assassin, assassin".

Le juge président faisait son travail de calmer le bruit. Je lui avais posé la deuxième question de savoir quel groupe sanguin avait-il. Le médecin ne savait son groupe sanguin. La troisième était celle de nous dire ce qu'on fait pour tester le groupe sanguin. A cette question, il nous dit qu'il faut passer par le test pédiatrique. Je n'avais pas besoin de lui poser une autre question. J'avais demandé au juge d'accepter que le médecin applique le test pédiatrique sur l'un des avocats de la partie accussante au vue de tous. Il faut voir combien les avocats se retiraient un à un craignant le pire du test pédiatrique de Kibonge.

De surcroît, l'un d'entre-eux avait réuni les courages pour répondre à mon obligation. Kibonge revenait de son hôpital avec ses matériels de test. Vous ne pouvez pas vous imaginer. Il avait le bistouri électrique et demandait à l'avocat de se coucher sur la table. Il s'avança vers lui et voulait faire une opération cardiaque en vue d'obtenir le sang qui provient directement du coeur.

Le juge président lui-même avait pris soin de lui poser une seule question. Où as-tu appris la médecine ? Il nous signifiait qu'il provenait de la Belgique. Comme vous pouvez le constater, c'est un touriste. Revenant de ses vacances de l'Europe, se voit entrer en possession d'un titre universitaire dont il ne sait la filière d'étude. Ce fameux diplôme sera suivi d'une formation à domicile juste pour le couvrir.

Les cris du public s'étaient transformés en une raison d'interruption du procès. On assistera au jeu de projectiles et des tires des balles réelles de la population d'un côté et de la force de l'ordre d' un autre côté. Le juge avait signé mon arrestation provisoire jusqu'à ce qu'il donnera la sentence. Laquelle ne sera pas dite car le procès ne reprendra plus. Je compris que dans notre pays les quatre évangiles prêchés par Émile Zola pour élever une nation ; la fécondation, le travail, la vérité et la justice souffraient d'application. J'avais vécu le pire en prison et personne ne pouvait m'apporter son secours.

Une année après, la communauté internationale avait fait pression au gouvernement en place de la reprise du procès. Tous les efforts consentis étaient sans succès. Je me demandais si réellement je devrais un jour reprendre ma liberté. Même en prison, je ne cessais de prêcher par les bels exemples. J'enseignais aux prisonniers qu'eux aussi n'occupaient pas les places qui leurs étaient destinées. A mon humble avis, ceux qui devraient être prison jouissaient d'une liberté.

Je me m'étais à raisonner tous les jours ce que je devenais. Qui de mieux que Vanessa en ce jour pouvait se battre pour ma survie ? Vous êtes sans doute convaincu qu'elle devait tout faire.

J'avais totalement perdu l'espoir. Mais, un certain lundi matin, je vu le directeur de la prison me demander de sortir de la prison vers le parquet pour la reprise de mon procès. Une fois de plus, il s'était trompé des visages. En cours de route, j'avais compris qu'il était temps que j'use de ma sagesse pour m'évader. J'étais devenu méconnaissable de tous. En ces instants, j'étais tombé par terre comme un cadavre. Il m'avait vite conduit à l'hôpital où la nuit j'avais réussi à m'évader effectivement.

Deux jours après, toutes les radios parlaient des prisonniers évadés. Le mur était réellement détruit. Le directeur avait occasion cela pourvu qu'il ne soit pas le seul responsable de ma disparition. C'est juste en ce temps qu'ils se rendaient compte que moi-même j'étais introuvable. La population me croyait plutôt mort.

J'étais obligé de quitter la ville de Bunene. J'avais perdu toute ma force et tout mon poids. Une chevelure et barbiche incroyables avaient vraiment changé ma morphologie. J'étais obligé de quitter même le pays. L'exile était l'unique moyen capable de me maintenir en vie. J'avais compris que le changement voulu nécessitait qu'on engage trop de sacrifices. Je m'étais dirigé en Allemagne après avoir transité par les différents pays africains. Pour réussir mon parcours, j'étais transformé en une domestique. Je m'efforcait tant soit peu pour remplir convenablement les tâches qui étaient les miennes. Mon salaire m'avait permis de reprendre le chemin d'études. Comme je n'avais aucune pièce justifiant un niveau quelconque, j'avais repris la première année de graduat en science politique et résolution des conflits à l'université de Leipzig. J'étais encore si brillant. J'avais reçu une bourse dès la première année.

Lina est la fille de mon patron. Elle étudiait dans une même classe que moi. Elle se servait de moi pour renforcer ses compétences et performances sur le plan intellectuel. Elle me demandait tous les jours de lui dire qu'elle était mon secret. Je ne cessais de lui dire que je travaillais pour donner au monde le meilleur de moi-même. Cept ans après, à l'aide du système de licence/master/doctorat, j'avais fini par décrocher mon diplôme d'études approfondies en sciences politiques et résolution des conflits.

J'avais défendu après trois autres années de plus une thèse de doctorat. Ce n'est pas pour vous une surprise que j'ai vaincu une bataille incroyable. Papichu devint en ce jour Professeur.

J'étais vite sollicité de part et d'autres pour donner cours. Mes enseignements ne cessaient de rependre ma renommée. J'enseignais dans plusieurs universités de la planète. Personne ne savait qui j'étais réellement. C'est dans une conférence internationale qui réunissait plusieurs présidents tant africains qu'européens que je m'étais révélé que j'étais Papichu dont le procès avait était interrompu de façon injuste. J'annonçais pendant ce moment mon retour au pays pour la reprise du procès. C'était pendant la période préélectorale. Les réactions fussaient de partout. Sur les réseaux sociaux, tous les Mongos attendaient en moi un libérateur.

Mon arrivée coïncidait avec la maladie grave qui avait touché le président Kamba. C'est fut l'A.V.C.; lui-même avait peur de se faire soigner par les médecins que j'appellais assassins. Il décida d'aller se faire soigner en Europe. Fautes des crimes pendant son règne, tous les occidentaux lui avaient refusé l'atterrissage sur leur territoire. Le président Kamba avait fait une interdiction formelle à sa cellule de communication de ne jamais divulguer les informations de sa maladie. Sa situation ne faisait l'ombre d'aucun doute d'une mort tant entendue par le peuple Mongo.

Le pays était géré à cette époque par sa femme Kabibi. Elle était une méchante femme. Insolente depuis sa naissance. Personne ne peut croire qu'elle était la ruine du pouvoir de son mari. Elle n'avait du respect à l'égard de personne. Elle faisait tout ce qu'elle trouvait bon. Faute de soins appropriés, la nouvelle tombait comme la pluie tant attendue du temps d'Elie. Le président Kamba n'est plus.

Qui pouvait retenir son sentiments de joie ? La mort d'un meurtrier, voleur et détourneur fait souvent la joie de la population. Un deuil national de trois jours était décrété sur toute étendue du territoire national.

Sa famille politique était paralysée. Une réunion était convoquée d'urgence par le cabinet du président sur ordre de sa femme Kabibi. Un seul point était à l'ordre du jour : qui de nous pour diriger la transition ? Que faire pour barrer route à la prise du pouvoir par le sénateur Sengi? Cette question avait divisé toute la classe politique. Comme ils étaient habitués aux massacres, la mort du sénateur Singi était déjà préparée. Lui qui était à l'étranger pour des raisons diplomatiques, personne ne pouvait empêcher le crache de son avion qui revenait au pays. Les Mongos n'étaient pas surpris de sa mort. Tout le monde savait qu'il ne pouvait résister aux complots qui se faisaient à la maison présidentielle.

Chacun ne visait que son intérêt ; devenir président de la République. Tous les membres du parti PNP avaient commencé par mettre de côté la candidature de la femme du président. Il faudrait trouver un autre candidat capable de garder en fonction tous les partisans de Kamba. Plusieurs noms avaient circulé. Deux candidats étaient restés en course. Kamba wa Kamba et Kadiobo. Le premier est le fils du président. Il avait été renvoyé des toutes les universités du monde. Il se droguait à l'excès et n'accordait aucune importance aux études. Il était l'unique fils du président. Sa mère portait sa candidature. Le deuxième était le fils du Général Bonham. Le plus grand assassin dans le régime de Kamba.

Deux jours avant l'enterrement du président Kamba, on apprenait la mort de Kadiobo sous prétexte d'un accident de circulation causé par l'excès de vitesse. Je suis sûr que vous n'êtes pas surpris. Vous le savez comme moi que Kabibi était derrière cette mort. Comme vous le savez, leur pouvoir s'acquiert toujours au moyen de sang.

Le corps du président était conduit au stade. Plusieurs personnes étaient présentes pour saluer son expertise en megestions du pouvoir de sang. C'était un moyen de lui dire que l'enfer était l'unique endroit lui réservé. C'est pendant ce moment que la presse annonçait Kamba wa Kamba comme président de la transition. C'est fut encore une amertume pour le peuple Mongo. Tout le monde ne savait digérer une telle aventure.

Pendant tout ce temps, le Général Bonham ne s'était jamais prononcé. C'est en ce jour où on assistera au pire dans le pays. Tout le monde su alors que la mort n'est bonne que chez le voisin. L'expert en matière d'assassinat, lui qui avait tué des milliers, ne savait digérer la mort de son fils sur qui il comptait. Il avait préparé déjà sa remontada.

Tout était mis sur pied pour empêcher sa sortie de sa parcelle. Il avait corrompu tous les militaires mis à sa disposition et était arrivé à sortir de sa maison. Il avait déjà préparé l'un des ses fils qui restait de s'autoproclamer président juste après son coup d'État.

Le stade était rempli pendant qu'on annonçait l'arrivée de Kamba wa Kamba. Les cris de contestation fussaient de partout sans aucun impact. Au même moment, le Général Bonham faisait son entrée. Je suivais tout en direct de la chaîne de télévision nationale. On invita le président Kamba le fils à rendre les derniers hommages à son père. Il avançait si bonnement. Mais son discours était surprenant. En une langue semblable au français.

Voici l'intégralité de son allocution :

Peuple Mongo, bonjour !

Je suis ici, je, je, je dis adieux aux combattants de la démocratie. Une minute de silence s'il vous plaît. Comprenais mon émotion. Je jure fidélité à la nation. Je vous servira comme mon père. Moi qui a accepté de, de... De... Nous servir dans le temps difficiles. Je vais venger la mort de mon père. Mes condoléances. Mon père est mort de l' acc, eh, pardon, l'act, je m'excuse l'avv. Svp, garde, la maladie là c'est quoi ?(Il s'adressa à l'un des militaires à son service) ok, Calmez-vous, c'est l'acv.

Personne n'a jamais su qu'au deuil on peut faire face à une telle comédie. Il faudrait être malade pour se retenir de rire. Le militaire bourdonait à son oreille, c'est l'avc son excellence. Il reprit à haute voix, c'est l'avc son excellence ! Tout le public criait pitié. Il continua en ce terme;

Peuple Mongo, je vous dis merci d'être élu comme président de la commission de, de..., De..., Svp garde de quoi là? (Le militaire lui complétait) de m'avoir élu comme président de la transition. Oui, de l'avoir élu comme président de la précision. Je vais vous conduire aux élections transparentes, et quoi svp? Svp, Calmez-vous. Je ne suis pas habitué à des tels discours. C'est ma première fois. Je vous assure que ça ira. Demandez à un pasteur de venir me délivrer je vais me ressaisir. La cigarette m'a rendu fou. Il stimulait le gens à rire aux éclats d'avantage.

Le modérateur avait fait prudence de couper le son de sa communication. Il avait transpiré comme vous ne pouvez vous imaginer. C'est fut est boxer sur le ring. C'est pendant ces instants que le Général Bonham tira impitoyablement sur Kamba wa Kamba. Le stade fut transformé en un champ de bataille. Les éléments de la police de garde et la milice du Général Bonham se mesuraient des forces. On avait assisté à un grand nombre de cadavres. Lui-même Général Bonham était tombé sur le champ. Le corps du président Kamba était transformé en un escalier des militaires pour s'attaquer à la milice. C'est avec l'intervention de l'armée voisine que le calme repris. On ramassa des milliers des cadavres du stade.

Le pays resta deux jours sans président à la tête. Le fils du Général Bonham entendu comme président, avait préparé la presse de son miting le matin du jeudi qui l'annoncerait comme président. La femme de Kamba lui-même s'était décidé de s'autoproclamer présidente de la République. Le président de l'Assemblée nationale avait compris que c'est le temps qu'il devienne président du pays. On se disputait le pouvoir dans tous les sens. Chacun des prétendants attendait qu'il soit annonçait par la presse présidentielle le jeudi du même jour.

Une réunion des professeurs et d'autres savants du pays étaient organisées avec le concours de la communauté internationale. Il ne faudrait pas garder silence et laisser le pays dans un désordre des pilleurs qui ne visent que leurs intérêts. Je participais à cette réunion. Ma solution trouvée était le dialogue inclusif entre les parties prenantes et la société civile. Cela n'empêchera pas que le choix soit porté sur Ngadu comme président de la transition.

Jeudi matin, tous les prétendants attendaient de la presse présidentielle l'annonce d'eux comme président, c'est au moment où on annonçait Ngadu comme président de la transition. Il ordonna à l'immédiat l'arrestation de Kabibi et tous les autres membres qui continuaient à troubler la paix du peuple Mongo. Ngadu était un jeune garçon sorti de la société civile. Il était parmi les garçons braves, produits de mon mouvement Cocha (combattants pour le changement). Son premier discours était fort. Il se résumait par l'interdiction des troubles sur toute l'étendue du territoire national. La recherche de la paix et le combat contre toute antivaleur. Il avait directement tendu la main à la communauté internationale demandant leurs appuis dans la restauration de la paix au pays.

Deux ans après, Ngadu envoyait tous les peuples aux urnes. Il avait refusé de postuler comme candidat. J'avais compris que dans un pays développé, la politique n'est pas l'unique moyen pour s'enrichir. Elle est plutôt un service bénéfique de la population. Vous n'êtes pas surpris de me voir candidat à ces élections je pense. Vous savez que tout mon combat était celui de voir mon peuple transformer sa mentalité et construire lui-même son bonheur par le fruit des efforts de tout un chacun.

Ma célébrité m'avait permis d'être bien accueilli par toute la population pendant la campagne électorale. On assistera pour la première fois aux élections crédibles, transparentes et apaisées. Le peuple voulait le changement à la tête du pays. La commission électorale indépendante m'avait proclamé vainqueur. Les candidats malheureux à ces élections n'avaient hésité de m'apporter leurs soutiens. J'avais compris que lorsqu'on joue au football contre un adversaire difficile, peu importe le buteur, toute l'équipe exibe un même pas de danse. J'espère que celle-ci doit être une leçon pour tous les opposants à la dictature des autres dirigeants africains qui veulent s'éterniser au pouvoir.

Mon histoire n'est pas à sa fin. C'est plutôt le pouvoir sanglant qui est en ce jour renversé. Adieu le pouvoir sanglant.

Printed by Books on Demand GmbH, Norderstedt / Germany